Frossard . Ausgewählte Gedanken des heiligen Pfarrers von Ars

Ausgewählte Gedanken des heiligen Pfarrers von Ars

und

Aphorismen zur christlichen Lebensweisheit

Zusammengestellt von Janine Frossard

Johannes-Verlag Leutesdorf

Zwölfte Auflage 2001

Mit kirchlicher Druckerlaubnis

Deutsche Lizenzausgabe des französischen Originals
„Pensées choisies du Saint Curé d'Ars et petites fleurs d'Ars",
Librairie Pierre Téqui, Paris
Übersetzung ins Deutsche durch Franz Salzmann, Landshut
Umschlagbild: Statue des heiligen Pfarrers von Ars,
von seinem Freund und Zeitgenossen Bildhauer Cabuchet;
Foto: Xavier Mappus, Le Puy

Satz: Johannes-Verlag Leutesdorf
Druck und buchbinderische Verarbeitung:
Görres Druckerei, Koblenz

ISBN 3-7794-0731-0

Zu beziehen durch die *KSM*
Katholische Schriften-Mission, D-56599 Leutesdorf
Telefon: 0 26 31/9 76-1 92, Telefax: 0 26 31/9 76-2 50

Vorwort des Übersetzers

Der einfache Dorfpfarrer von Ars wäre wohl überrascht gewesen, hätte man ihm gesagt, daß mehr als ein Jahrhundert nach seinem Tod seine „Gedanken" des öfteren in Druck gehen und veröffentlicht werden, diesmal von einer Frau, von der man es am wenigsten erwartet hat; denn sie wuchs in einer Umgebung auf, „in der die Existenz Gottes nicht einmal eine Frage wert war". Ihr Vater war Erster Generalsekretär der kommunistischen Partei Frankreichs, und die Religion in der Familie, so berichtet ihr Bruder André, heute einer der bekanntesten Journalisten Frankreichs[1], war der Marxismus.
Freuen würde sich der Pfarrer von Ars auch, wenn er sähe, wie Frau Janine Frossard seine Gedanken ausgewählt und geordnet hat. Denn es würde ihn an seine Katechismusstunden erinnern, die er jeweils unter einem besonderen Thema vor der immer größer werdenden Schar der Pilger gehalten hat. Die so zusammengefaßten Gedanken haben auch Ähnlichkeit mit kurzen Exerzitienvorträgen oder, wie man heute oft sagt, „Meditation".
Wie dem auch sei: „Nimm und lies!" Denke sie nochmals durch, diese Gedanken eines heiligen Priesters, heute ein paar und morgen; suche die, welche dich am tiefsten bewegen, jene, die gerade für dich geschrieben worden sind.

Franz Salzmann

1 André Frossard „Gott existiert — Ich bin ihm begegnet", und „Es gibt eine andere Welt", Herderbücherei.

Einleitung

Es war am 9. Februar 1818 in einem weltverlorenen Winkel des Landes des Dombes. Ein junger Priester Jean-Marie Baptiste Vianney, noch nicht 32 Jahre alt, ist an diesem grauen Morgen auf dem Weg zu seiner ersten Pfarrstelle, dem kleinen Dorf Ars. Neben dem Karren marschierend, der mit seinen Habseligkeiten beladen ist, beschäftigen sich seine Gedanken mit der Beschreibung des kleinen Ortes, der ihm jetzt anvertraut ist.

Zweihundertdreißig Einwohner, das sind gewiß nicht viel. Doch in seiner demütigen Selbsteinschätzung fürchtet der junge Geistliche, der voll Freude ist, Priester zu sein, sich davor, was das Amt eines Pfarrers ihm abverlangen wird, ob diese Bürde für seine schwachen Schultern nicht zu schwer wird. Bis zu seinem Tod wird ihn die Sorge nicht mehr loslassen, ob er die ihm anvertraute Schar Gott auch zuführen wird. Nie wird er mehr aufhören, für seine Pfarrkinder und die „armen Sünder“ Tag und Nacht zu beten.

Wir kennen die Schwierigkeiten, die den Pfarrer seit seinem Amtsantritt in Ars bedrängen. Die Tanzsucht und die Weinschenken bleiben viele Jahre seine Feinde. Aber durch seine unbeholfenen und trotzdem eindringlichen Predigten, durch seinen hervorragenden Katechismusunterricht und vor allem durch das Beispiel seiner tiefen Frömmigkeit und strengen Bußübungen wird er schließlich auch mit ihnen fertig.

Die Selbstabtötung des jungen Priesters ist übrigens erschreckend. Er fertigt sich Bußwerkzeuge aus Ketten, Eisenstacheln und Bleistückchen und geißelt sich damit, wenn er allein ist, mit heftigen Schlägen. Die mit seinem Haushalt betrauten Frauen sagen entsetzt und zugleich bewundernd aus: „Es ist jedesmal zum Erbarmen, wenn wir die Blutflecken an der linken Schulter seiner Hemden sehen."

Seine Nahrung ist karg und einfach. Er begnügt sich mit dem, was man „Lebensminimum" nennen könnte. Lange Zeit nimmt er täglich nur eine einzige Mahlzeit zu sich und diese hastig in ein paar Minuten im Stehen. Wasser, das vom Wein kaum gerötet ist, kalte gekochte Kartoffeln, eine Handvoll Mehl, und manchmal sind es nur ein paar ekelige Brotkrusten, die er alten Bettlern abgekauft hat und die in ihrem Bettelsack schon schimmelten. Denn die höchste Ehre für den Pfarrer Vianney ist es, das Brot der Armen zu essen.

Von Tag zu Tag werden die Aufgaben des demütigen und oft gedemütigten Priesters umfangreicher und schwieriger. Im Dorf errichtet er eine Mädchenschule und ein Waisenhaus, dem er den Namen „La Providence", das heißt „Die Vorsehung" gibt. Dann gründet er eine Knabenschule. Immer häufiger verlangen andere Pfarreien nach ihm, damit er bei Missionen predigt. Als die Glut seiner Predigten und seines Katechismusunterrichts ihn immer berühmter machen, strömen von überall die Sünder herbei. Schon ruft man zu „Wallfahrten nach Ars" auf. Scharen aus allen Ecken Frankreichs und sogar aus den verschiedenen Ländern Europas pilgern zu diesem einzigartigen Menschen, zu diesem schlichten Landpfarrer, der eine selbstlose Liebe ausstrahlt, so echt und unerschöpflich, wie es das 19. Jahrhundert mit seinem Zynismus und seiner Verzweiflung so sehr bedurfte.

Verständlich nun, wenn dabei jetzt auch der ewige Widersacher auf den Plan tritt. Die Biographen des Pfarrers von Ars haben anschaulich die Händel mit dem Teufel beschrieben. Pfarrer Vianney nennt ihn „Grappin" (eine örtliche Bezeichnung für eine dreizinkige Mistgabel). Oft kündet der Dämon sein Kommen mit einem fürchterlichen Getöse an. Dadurch stört er die wenigen Stunden der Ruhe, die sich Vianney noch gönnt. Es scheint, als ob die Mauern einstürzen und die Möbel in Stücke fliegen würden. Gewaltig schlägt er an die Zimmertür des Pfarrers, dann tritt er ein, unsichtbar, aber unter Toben und Schreien. Zynisch brüllt er ihn an: „Vianney, Vianney! Dich werden wir auch noch kriegen! Du kommst uns nicht aus!"

Und der Teufel verdoppelt seine hinterlistigen Nachstellungen. Niemals zeigt er sich wütender als am Vorabend eines Tages, an dem große Sünder nach Ars kommen. Sehr unruhige Nächte verbringt dann Vianney. Doch am Morgen sagt er zu seinen Besuchern lächelnd: „Vergangene Nacht wütete wieder der ‚Grappin'. Wir werden heute große Sünder bekommen."

Wenn auch der Teufel solch gemeines Gepolter

treibt, um dadurch des Pfarrers Schlaf noch mehr zu kürzen, so greift er, spekulierend auf die tiefe Demut des Priesters, ihn anderweitig noch hinterhältiger an. Er versucht ihn jetzt so zu entmutigen, daß er sein Amt als Pfarrer aufgebe. Dadurch erfährt der arme, heilige Priester die schlimmste aller Versuchungen in seinem Leben, die „Flucht“ aus seiner Pfarrgemeinde. In der Tat fühlt Vianney während der Zeit seines Priesteramtes öfters den überwältigenden Wunsch, in die Einsamkeit zu fliehen, um sich innerlich zu sammeln und um „sein armseliges Leben zu beweinen“. Sein Herz ist wund bei dem Gedanken, daß er seine Pfarrkinder und die ganze Schar der Sünder, die ihn Tag und Nacht umlagern, dadurch im Stich läßt. Er will sich für das Heil der Seelen aufopfern, aber wenn ihn das Gefühl seiner Unwürdigkeit übermannt — dieses Gefühl haben alle wahrhaft Heiligen in sich gespürt —, dann flieht er. Er ist überzeugt, daß er leicht zu ersetzen sei, da er, wie gesagt, sich nicht würdig halte, Pfarrer einer Gemeinde zu sein.

Bei jeder „Flucht“ aber gewinnen letztlich Gewissen und Verantwortungsgefühl in seiner Seele wieder die Oberhand; entschlossen widersetzt er sich der Versuchung nach Ruhe und Einsamkeit und kehrt nach Ars zurück — ein Gefangener des Priesteramtes, des Beichtstuhls und der Sünder.

1845 ist der Pfarrer von Ars 59 Jahre alt. Aber sein Alter sieht man ihm nicht an.

„Er hat“, so sagt uns ein Augenzeuge, „jene wunderbare Gabe, in den Augen aller wie ein Abbild

Jesu Christi, wie ein zweiter Christus zu erscheinen." Der gleiche Zeuge bestätigt: „Wer einmal seinem Blick begegnet ist oder sein Wort gehört hat, den lassen dieser Blick und dieses Wort nicht mehr los." Und die Personen, die ihn sahen, stimmen darin überein, „daß der Anblick dieser Priestergestalt jeden etwas von übermenschlicher Schönheit innewerden läßt".

Dennoch ist er bei weitem kein schöner Mensch. Er ist klein (1,58 m), von hagerer Gestalt und macht einen unbeholfenen Eindruck. Von Natur aber besitzt er ein gewisses Maß an Lebenskraft und Energie, doch auch eine starke Nervosität ist ihm eigen. Das Alter hat seinen bäuerlichen Gliedern nichts von ihrer Gelenkigkeit genommen. Wenn er nur ein wenig mehr schlafen und genügend essen würde, wäre er trotz seiner zarten Statur sehr robust. Sein Gehör ist noch sehr fein, sein Auge scharf. Bis zuletzt bleibt sein Geist hellwach. Sein Gedächtnis ist viel frischer als in der ersten Zeit seines Priesteramtes. Bei seiner natürlichen Fröhlichkeit blitzt nicht selten in seinen Augen auch eine bäuerliche Schalkheit auf. Schließlich ist ihm die Gabe geheimnisvoller Erleuchtung in ungewöhnlichem Maße verliehen. Sie erlaubt es ihm, ins Innere zu sehen, Geist und Seelen zu durchschauen. Er kennt zum Beispiel den Inhalt eines Briefes, bevor er ihn gelesen hat, oder ein Schuldbekenntnis, bevor er es gehört hat. Manchmal sieht er sogar zukünftige Ereignisse voraus.

Seine Überarbeitung und die von Jahr zu Jahr zunehmende Erschöpfung hinterlassen immer deutlichere Spuren. Der längliche, eckige Kopf mit den dichten grauen, vorne kurz geschnittenen Haaren, die hinten ziemlich lang über den Nacken fallen, ist leicht zur Brust geneigt, ohne Zweifel aus Gewohnheit zu innerer Sammlung und Gebet. Zeugen, die ihn in seinem späten Alter kannten, beschreiben uns seine Gestalt als „abgemagert", ja als „verfallen". Und man empfindet Mitleid, wenn man seine durch das täglich achtzehnstündige Sitzen im Beichtstuhl erblaßte Gesichtsfarbe und die tiefen Falten, die Wunden gleichen, sieht.

Wenn wir von ihm sprechen, nennen wir ihn nicht den heiligen Johannes Maria, auch nicht den heiligen Vianney; wir nennen ihn den Pfarrer von Ars. Sein Leben war sicherlich das eines außergewöhnlichen Mannes und gleichzeitig eines Heiligen.

Es war – und wir können das nicht genug betonen – mit der Sorge um das Pfarramt voll ausgefüllt, ein Amt, das zu verwalten er sich nie für geeignet gehalten hat.

Mitten aus seiner Arbeit holt ihn der Tod. Am Donnerstag, dem 4. August 1859, um zwei Uhr morgens gibt er ohne Todeskampf seine Seele Gott zurück. Einundvierzig Jahre und fünf Monate war er Pfarrer für die Gemeinde von Ars.

Wenn wir seiner gedenken, rufen wir die lange Predigt *der Liebe* wieder in Erinnerung, die er uns durch sein Wort und Beispiel gab.

„*Lieben Sie Ihre Priester!*" sagt er schlicht seinem Bischof, der ihn zum Beichtvater gewählt hatte.

Hier ist noch eine der letzten Antworten, die er einem Beichtkind gab, das ihn fragte, wie man sich den Himmel verdienen könne. Wir glauben, daß in diesen Worten die Kompromißlosigkeit und Originalität seines Lehrens wie in einem Brennpunkt aufleuchten:

„Sich den Himmel erwerben? Mein Freund, dazu braucht es die Gnade und das Kreuz."

Ein Buch wie dieses ist heute notwendiger denn je. Hier dringen nämlich durch ein Jahrhundert der Verzweiflung die eigenen Worte des Pfarrers von Ars, das Echo dieser zarten, nie müde werdenden Stimme unverfälscht an unser Ohr.

Verständlicherweise mußte gekürzt und ausgewählt werden. So finden wir hier in den einzelnen Kapiteln das Beste von der riesigen Ernte, gut gebündelt und gereift; ihren Titeln haftet noch der frische Geruch der Erntegarben an.

Die jeweiligen Kapitel fassen eine Reihe von Gedanken und Mahnungen unter einem besonderen Gesichtspunkt zusammen; ihre Überschriften in ihren präzisen Formulierungen sprechen für sich:

„Wir haben alles zu gewinnen" — „Zuerst die Belehrung" — „Ein paar Minuten, um seine Seele zu verlieren" — „Die Demut, die Königin der Tugenden" — „Eine reine Seele vermag alles" — „Nicht zu viel und nicht zu wenig erhoffen".

In den hier aufgezeichneten Gedanken des Pfarrers von Ars bewundern wir immer wieder seine Harmonie zwischen Göttlichem und Menschlichem, Erhabenem und Niedrigem:

— „Der liebe Gott ist nicht grausam, aber er ist gerecht ... Es gibt sowohl für die Gnade als auch für die Sünde ein Maß; ist dieses voll, dann zieht Gott sich von uns zurück." Gleich korrigiert Vianney diese Drohung durch die Hoffnung, indem er sagt:
— „Der Herr ist wie eine Mutter, die ihr Kind auf ihren Armen trägt ... Er hat Mitleid mit uns, obwohl wir es nicht wert sind."
Hinzu kommt die Meditation; sie führt uns quer durch den Ozean der Mystik zum Zauber der Heiligkeit durch die Gottesliebe als „natürliche" Folge von Gebet und Kommunion. Zugleich vernehmen wir eine Stimme aus echt franziskanischem Geist mit großartigen Bildern und Gleichnissen:
„Das Gebet befreit unsere Seele von der Anhänglichkeit an die Materie und erhebt sie wie das Feuer den Heißluftballon."
„Der Himmel senkt sich in die Seelen der Heiligen. Sie baden und ertrinken in diesem Strom des Himmels."
„Die Kommunion wirkt auf die Seele wie ein Windstoß in ein erlöschendes Feuer."
Zweifellos ist der Klang dieser Stimme für unsere Ohren so neu wie damals den Hörern vor mehr als hundert Jahren. Wir begreifen, daß durch den Pfarrer von Ars so viele Wunder geschehen konnten. Auf alle Fälle wird sogar uns Kleingläubigen klar, daß es Gottes Botschaft ist, die hier zu uns spricht.

Michel de *Saint-Pierre*

1. Zuerst die Belehrung

Meine Kinder, Gottes Wort ist etwas Großes. Die ersten Worte des Herrn an die Apostel waren: „Gehet hin und lehret ...“; damit wollte er uns zeigen, daß die Unterweisung an erster Stelle steht.

Wodurch haben wir unseren Glauben kennengelernt? Durch die Belehrung, der wir Gehör geschenkt haben. Was hat uns Abscheu vor der Sünde eingeflößt, die Schönheit der Tugend uns sehen lassen ... uns erfüllt mit dem Verlangen nach dem Himmel? Die Belehrungen. Wodurch haben Väter und Mütter ihre Aufgaben kennengelernt, die sie ihren Kindern gegenüber haben, und die Kinder ihre Pflichten gegenüber ihren Eltern? Dadurch, daß sie belehrt wurden.

Meine Kinder, warum ist man so blind und unwissend? Weil wir uns aus dem Wort Gottes nichts machen ...

Wer gut unterwiesen wurde, für den gibt es immer Hilfe. Sollte er sich auf allen möglichen Irrwegen verlieren, so besteht immer noch Hoffnung, daß er zum lieben Gott früher oder später zurückfinden wird, und sei es auch erst in seiner Todesstunde. Wer aber nicht genügend Wissen von seiner Religion hat, gleicht einem Todkranken, der nicht mehr bei Bewußtsein ist. Er erkennt weder die Schwere der Sünden noch die Schönheit seiner Seele, noch den Wert der Tugend. Er fällt von einer Sünde in die andere.

Wer gut informiert ist, hat immer zwei Führer, die ihm vorhergehen: guten Rat und Gehorsam. Ich bin überzeugt, wer dem Wort Gottes nicht das nötige Gehör schenkt, wird sich nicht retten. Er wird nicht wissen, was er für seine Rettung tun muß.
Meine Kinder, ich denke mir oft, daß die Mehrzahl der Christen, die sich verdammen, aus Mangel an Belehrung sich ins Verderben stürzen.

2. Für den Himmel arbeiten

Meine Kinder, es gibt viele Christen, die nicht einmal wissen, wofür sie auf Erden sind ... „Warum, mein Gott, hast Du mich in diese Welt gesetzt? — Um dich zu erlösen. — Und warum willst Du mich erlösen? — Weil ich dich liebe."

Wie herrlich ist es, Gott zu erkennen, zu lieben und ihm zu dienen! Nur dies brauchen wir hier zu tun. Alles, was wir sonst noch machen, ist verlorene Zeit. Wir müssen nur für Gott tätig werden, unsere Werke in seine Hände legen. Wenn wir erwachen, sollen wir sprechen: „Ich will heute für Dich, mein Gott, arbeiten! Ich werde alles, was Du mir schicken wirst, annehmen als etwas, das von Dir kommt. Ich bringe mich Dir zum Opfer dar. Doch vermag ich nichts ohne Dich, mein Gott; hilf mir deshalb!"

Oh, wie wird man im Augenblick des Todes die Zeit bereuen, die man sich für Vergnügungen, eitle Unterhaltungen und Müßiggang genommen hat, anstatt sie für Gebet, gute Werke und Selbstentsagung verwendet oder an seine Erbärmlichkeit und Sünden gedacht zu haben! Dann wird man einsehen, daß man nichts für den Himmel getan hat.

Meine Kinder, wie traurig ist es doch: drei Viertel der Christen arbeiten nur, um ihren Leib zufriedenzustellen, der bald in der Erde vermodern wird, während sie nicht an ihre arme Seele denken, die für ewig entweder glücklich oder unglücklich sein wird. Ihnen fehlen Geist und Vernunft. Es läßt einen erschaudern!

Seht, meine Kinder, wir müssen bedenken, daß wir eine Seele haben, die wir retten müssen, und eine Ewigkeit, die uns erwartet. Die Welt, ihre Reichtümer, Vergnügungen und Ehren werden vergehen; Himmel und Hölle werden niemals vergehen. Seid deshalb wachsam!

Nicht alle Heiligen haben ihr Leben gut begonnen, aber sie haben alle gut geendet. Wir haben schlecht angefangen, laßt uns gut enden, und wir werden eines Tages im Himmel mit ihnen beisammen sein.

3. Das Glück ist für uns erreichbar

Weltlich gesinnte Leute behaupten, es sei zu schwierig, seine Erlösung zu erwirken. Aber es ist nichts leichter als das: Die Gebote Gottes und der Kirche beachten und die sieben Hauptsünden vermeiden, oder anders gesagt, das Gute tun und das Böse meiden. Einen anderen Weg gibt es nicht.
Die guten Christen, die sich mühen, ihre Seele zu retten, sind immer glücklich und zufrieden. Sie genießen schon im voraus die Seligkeit des Himmels. Sie werden für ewig glücklich sein, während die schlechten Christen, die sich selbst verdammen, immer zu bedauern sind; sie murren, sie sind traurig und werden es die ganze Ewigkeit sein.
Ein guter Christ, den es stets nach dem Himmel verlangt, macht sich sehr wenig aus den irdischen Gütern. Er ist nur darum besorgt, seine Seele zu verschönern und das zu sammeln, was ihn immer zufrieden macht, was nie vergeht. Seht die Machthaber und Großen dieser Welt, sie sind sehr reich, sind sie aber zufrieden? Wenn sie Gott lieben, ja. Aber sonst nicht. Ich meine, daß niemand so zu bedauern ist wie die Reichen, wenn sie Gott nicht lieben.

Möget ihr überall suchen, in jedem Land und Königreich, in jeglichem Wohlstand und Vergnügen, ihr werdet euer Glück nicht finden. Die ganze Erde kann eine unsterbliche Seele ebensowenig zufriedenstellen, wie eine Fingerspitze Mehl einen Hungrigen sättigen kann.

4. Laßt uns ewige Schätze sammeln

Die Erde vergeht, und wir vergehen mit ihr. Alle ihre Könige und Machthaber müssen sie verlassen. Wir werden in die Ewigkeit gestoßen, von wo es kein Wiederkommen gibt. Nur eines zählt: seine Seele retten.

Die Heiligen hingen nicht an den irdischen Gütern. Sie sorgten sich um die himmlischen. Die in das Diesseits verliebten Menschen kümmern sich nur um die Gegenwart.

Wir müssen es machen wie die Könige. Wenn sie fürchten, entthront zu werden, schicken sie ihr Geld ins Ausland voraus, wo es sie dann erwartet. So schickt auch ein guter Christ alle seine guten Werke zur Pforte des Himmels.

Der liebe Gott hat uns auf diese Erde gestellt, um zu sehen, wie wir uns hier bewähren und ob wir ihn lieben. Hier aber bleibt keiner von uns.

Wenn wir das bedenken, werden wir stets unseren Blick dem Himmel, unserer wirklichen Heimat, zuwenden. Doch wir lassen uns von der Welt, ihren Reichtümern und Vergnügungen so leicht anderswohin drängen.

Blicken wir doch auf die Heiligen, wie sie sich von der Welt und den materiellen Gütern gelöst haben, wie sie das alles mit Geringschätzung betrachteten.

Ein Ordensbruder, dessen Eltern starben, erbte unverhofft ein beträchtliches Vermögen. Als man ihm diese Nachricht überbrachte, fragte er: „Wie lange sind meine Eltern schon tot?" – „Drei Wochen." – „Nun sagt mir, ob jemand, der gestorben ist, erben kann." – „Sicher nicht!" – „So kann auch ich nicht von denen erben, die vor drei Wochen gestorben sind, ich, der ich schon zwanzig Jahre tot bin."

Die Erde ist wie eine Brücke, um über das Wasser zu gelangen. Sie dient nur dazu, unsere Füße zu tragen ... Wir sind in dieser Welt, aber nicht von dieser Welt; deshalb sagen wir jeden Tag: „Vater unser im Himmel." Wir dürfen also unseren Lohn erst erwarten, wenn wir daheim im Vaterhaus sind.

5. Der Glaube, die Ursache unserer Freude

Die Seele derer, die keinen Glauben haben, ist um vieles blinder als die Leute, die keine Augen haben ... Wir sind in dieser Welt wie in einem Nebel, aber der Glaube ist der Wind, der den Nebel zerstreut und über unserer Seele eine herrliche Sonne leuchten läßt ... Seht, wie düster und kalt es bei den Ungläubigen ist! Dort herrscht ein langer Winter. Bei uns ist alles heiter, voll Freude und Trost.

Laßt die Weltleute reden. Ach, wie sollen sie sehen können? Sie sind blind. Der Herr Jesus Christus wirkt immer noch alle Wunder, die er auch in Judäa tat. Aber die Menschen wollen nicht glauben.

Seht, meine Kinder, der Glaube fehlt ... Wenn man keinen Glauben hat, ist man blind. Wer nicht sieht, erkennt nicht. Wer nicht erkennt, liebt nicht. Wer Gott nicht liebt, liebt sich selbst und zugleich seine Lust. Er hängt sein Herz an Dinge, die wie Rauch vergehen. Weder die Wahrheit kann er erkennen noch das Gute. Er kennt nur die Täuschung, weil ihm das Licht fehlt. Wenn er das Licht hätte, würde er deutlich sehen, daß alles, was er liebt, ihm nur den ewigen Tod bringen kann.

Wenn wir sagen: „Mein Gott, ich glaube, ich glaube fest", so heißt das, ohne den geringsten Zweifel, ohne das geringste Zaudern ... Oh wenn wir nur von diesen Worten durchdrungen wären: „Ich glaube fest, daß Du überall zugegen bist, daß Du mich siehst, daß ich unter Deinen Augen bin, daß eines Tages ich mich selbst klar erkennen werde, daß ich alle Güter genießen werde, die Du mir versprochen hast! . . . Mein Gott, ich hoffe, daß Du mir all das belohnen wirst, was ich getan habe, um Dir zu gefallen! . . . Mein Gott, ich liebe Dich, ich habe ein Herz, um Dich zu lieben! . . ." Oh wie würde dieser Glaubensakt, der ja auch ein Liebesakt ist, völlig genügen! . . .

6. Wir haben alles zu gewinnen

Diese herrliche Hoffnung auf den Himmel, die einen guten Christen tröstet und belebt, kann ein schlechter Christ nicht verstehen. Alles, worin das Glück der Heiligen besteht, erscheint ihm hart und unbequem.

Betrachtet, meine Kinder, diese tröstlichen Gedanken: mit wem werden wir im Himmel beisammen sein? Mit Gott, unserem Vater, mit Jesus Christus, unserem Bruder, mit der heiligen Jungfrau, unserer Mutter, und mit den Heiligen, die unsere Freunde sind.

Wenn wir unser Glück recht verstünden, könnten wir fast sagen, daß wir glücklicher als die Heiligen im Himmel sind. Sie leben von ihrer Rente; sie können nichts mehr dazuverdienen. Wir aber können jeden Augenblick unseren Reichtum noch vermehren.

Dabei sollen wir nicht die Arbeit, sondern den Lohn im Auge haben. Ein Kaufmann sieht nicht auf die Mühe, die ihm sein Geschäft bereitet, sondern auf den Gewinn, den ihm dieses bringt ... Was sind zwanzig oder dreißig Jahre im Vergleich zur Ewigkeit? ...

In der Welt verschweigt man gern Himmel und Hölle. Den Himmel – denn wenn wir einsehen würden, wie herrlich er ist, möchten wir um jeden Preis dorthin gelangen. Die Welt würde uns unwichtig sein. – Die Hölle übergeht man mit Schweigen, weil wir, wenn wir ihre Qualen sähen, ihr um jeden Preis entrinnen möchten.

Wenn ein Kaiser einen seiner Untertanen zu sich rufen ließe und ihm sagte: „Ich will dich glücklich machen. Wohne bei mir; alles, was ich habe, gehört dir; erfreue dich daran und genieße es! Doch achte stets darauf, daß du in allem, was recht und gerecht ist, mir nicht mißfällst!" Wie eifrig und gewissenhaft würde er den Wunsch seines Herrn erfüllen! Und Gott ist zu uns ebenso entgegenkommend ... Doch seine Freundlichkeit läßt uns kalt. Was er uns verheißen hat, bedeutet uns nichts. Oh wie schade!

Groß wird die Freude der Gerechten sein, wenn am Jüngsten Tag die Seele, umgeben vom Himmelsduft, ihren Körper abholen wird, um Gott die ganze Ewigkeit zu genießen. Dann wird unser Leib aus der Erde hervorkommen, rein wie das Linnen nach der letzten Bleiche. Die Körper der Gerechten werden im Himmel wie Lichtkugel, wie strahlende, reine Diamanten glänzen.

7. Ein Freund erwartet uns

Die Sünde ist der Scharfrichter des lieben Gottes und der Mörder der Seele. Sie reißt uns aus dem Himmel und stürzt uns in die Hölle. Und trotzdem lieben wir sie! . . . Welch ein Wahnsinn! Wenn wir darüber nachdenken würden, hätten wir eine so tiefe Abscheu vor der Sünde, daß es uns nicht möglich wäre, eine zu begehen.

Meine Kinder, wie undankbar sind wir doch! Der liebe Gott will uns glücklich machen, wir aber wollen das nicht. Wir wenden uns von ihm ab und übergeben uns dem Teufel. Wir fliehen vor unserem Freund und suchen unseren Henker! . . . Wir sündigen und versinken im Schlamm. Wenn wir dann darin stecken, ist es uns nicht mehr möglich herauszukommen. Ginge es um unser Geld, dann wären wir schlau genug, einen Ausweg aus unserer Misere zu finden. Doch weil es nur um unsere Seele geht, bleiben wir darinnen.

Was hat uns nur der liebe Gott getan, daß wir ihn so beleidigen und ihn im gewissen Sinne noch einmal sterben lassen, ihn, der uns von der Hölle erlöst hat? Jeder, der unterwegs zu einem sündhaften Vergnügen ist, müßte — wie einst Petrus — Jesus begegnen und von ihm zu hören bekommen: „Ich gehe dorthin, wo du hingehst, um noch einmal gekreuzigt zu werden.“ Vielleicht könnte das den Sünder noch zur Einsicht bringen.

Oh wie unvernünftig sind wir! Die Zeit, die Gott

uns gibt, um uns zu retten, verwenden wir zu unserer Verdammnis. Mit den gleichen Mitteln, die er uns gegeben hat, um ihm zu dienen, bekämpfen wir ihn.

Wenn wir bereits in diesem Leben die Freuden des Himmels genießen können, indem wir durch die Liebe uns mit Gott vereinen, ist es dann nicht heller Wahnsinn, wenn wir bestrebt sind, uns der Hölle würdig zu machen, indem wir mit dem Teufel einen Bund schließen? ... Wir können einen solchen Wahnsinn kaum begreifen; wir können ihn auch nie genug beweinen ...

8. Die schlimmen Folgen der Selbstliebe

Seht, meine Kinder, außer Gott gibt es nichts Festes und Beständiges, nichts, gar nichts. Sei es das Leben, das vergeht, sei es das Glück, das zerbröckelt, sei es die Gesundheit, die zerstört wird, oder der gute Ruf, der gehässigen Angriffen ausgesetzt ist. Wir gehen vorüber wie der Wind ... Alles vergeht in großer Eile. Alles überstürzt sich. Ach, mein Gott, mein Gott! Wie sind darum diejenigen zu bedauern, die ihr Herz an diese Dinge hängen... Sie hängen es daran, weil sie sich selbst zu sehr lieben. Aber sie lieben sich nicht mit einer vernünftigen Liebe. Sie lieben sich mit weltlich orientierter Selbstliebe, indem sie sich und die geschaffenen Dinge mehr suchen als Gott. Deshalb sind sie niemals zufrieden, niemals ruhig; sie sind immer in Unrast, immer gequält und verstört.

Seht, meine Kinder, der gute Christ fährt die Erdenwege in einem herrlich geschmückten Siegeswagen. Dieser wird von Engeln gezogen, und der Herr selbst lenkt ihn. Der arme Sünder jedoch ist an seinem Lebenswagen festgeschirrt, und der Dämon sitzt darauf, der mit harten Peitschenschlägen antreibt ...

9. Ein paar Minuten, um seine Seele zu verlieren

Meine Kinder, wir haben Angst vor dem Tod ... Ich verstehe das. Es ist die Sünde, die uns den Tod fürchten läßt. Sie macht ihn so schrecklich und grauenvoll. Sie versetzt den Bösen in der Stunde des Hinübergehens in wahnsinnige Angst. Ja, mein Gott, es gibt wirklich Dinge, die einen erschaudern lassen. Daran zu denken, daß man verdammt ist, von Gott verdammt! ... Das läßt einen im Innern erzittern ... Verflucht von Gott! Und warum? Warum setzen sich die Menschen der Gefahr aus, von Gott verdammt zu werden? Für eine Gotteslästerung, einen bösen Gedanken, wegen einer Flasche Wein, wegen eines Vergnügens von ein paar Minuten Gott verlieren, seine Seele, den Himmel auf ewig ... Man wird jenen Vater, jene Mutter, Schwester, jenen Nachbarn mit Leib und Seele zum Himmel auffahren sehen; sie waren mit uns beisammen, haben mit uns gelebt, aber wir wollten ihr gutes Beispiel nicht nachahmen. Wir jedoch werden mit Leib und Seele in die Hölle fahren, um dort zu brennen. Die Teufel werden über uns herrschen. Alle, deren schlechten Rat wir befolgt haben, werden uns foltern.

Meine Kinder, wenn ihr jemand seht, der einen großen Scheiterhaufen herrichtet und Reisig aufeinanderschichtet, und ihr ihn fragt, was er da macht, und er euch antwortet: „Ich bereite ein Feuer, das mich verbrennen soll", was würdet ihr euch dabei denken? Und wenn ihr den gleichen Menschen seht, wie er sich den Flammen des Scheiterhaufens nähert, wie er sich hineinstürzt, ... was würdet ihr sagen? ... Wenn wir eine Sünde begehen, machen wir das gleiche. Nicht Gott stürzt uns in das Feuer, sondern wir selbst durch unsere Sünden. Der Verdammte wird sagen: „Ich habe Gott, meine Seele und den Himmel verloren, und das durch meine Schuld, durch meine Schuld, durch meine große Schuld! ..." Er wird sich aus der Glut erheben, um gleich wieder in sie zurückzufallen.

Wir schieben unsere Bekehrung bis zum Sterben auf; aber wer garantiert uns, daß wir dazu die nötige Zeit und Kraft haben werden in diesem schrecklichen Augenblick, vor dem alle Heiligen Angst hatten und in dem sich die Hölle zum letzten Angriff gegen uns vereinigt, da sie weiß, daß dies der entscheidende Augenblick ist.
Nein, wahrlich, wenn die Sünder an die Ewigkeit dächten, an dieses schreckliche „Für-immer", sie würden sich auf der Stelle bekehren ...

10. Noch steht die Höllenpforte offen

Gott wird zu den Verdammten sagen: „Weichet von mir, ihr Verfluchten! ..." Von Gott verflucht zu sein, oh welch ein schreckliches Unglück! Versteht ihr, meine Kinder? Von Gott verflucht! ... Von Gott, der nur segnen kann! Von Gott verflucht, der nur Liebe ist! Von Gott ausgestoßen, der die Güte selbst ist! Verdammt ohne Barmherzigkeit! Verdammt für immer, verdammt von Gott!

Wenn uns Frömmigkeitsübungen langweilen und wir des Gesprächs mit Gott überdrüssig werden, gehen wir der Pforte der Hölle entgegen. Seht diese armen Ausgestoßenen, die nicht mehr Gott lieben können!

Wenn ein Verdammter ein einziges Mal nur sagen könnte: „Mein Gott, ich liebe Dich!", gäbe es für ihn keine Hölle mehr ... Doch welch ein Leid! Diese ärmste Seele! Sie hat die Fähigkeit zu lieben verloren, die sie erhalten hatte und nicht zu gebrauchen wußte. Ihr Herz ist ausgetrocknet wie die Weinbeere nach der Kelter. Keine Seligkeit, kein Friede mehr in dieser Seele, weil es in ihr keine Liebe mehr gibt!

Die Verdammten sind vom Zorn Gottes umgeben wie der Fisch vom Wasser.

Manche verlieren den Glauben und sehen die Hölle erst, wenn sie sie betreten ... Wohl aber glaubt man, daß es eine Hölle gibt, aber man lebt, als ob es keine gäbe. Man verkauft seine Seele um ein paar Silberlinge.

Nicht Gott verdammt uns, sondern wir verdammen uns durch unsere Sünden. Die Verdammten klagen nicht Gott an, sondern sich selbst. Sie sagen: „Ich habe durch eigene Schuld Gott, meine Seele und den Himmel verloren."

11. Sogar Versuchungen haben ihr Gutes

Wie der gute Soldat vor dem Kampf keine Furcht kennt, so darf auch der gute Christ sich vor Versuchungen nicht fürchten. In der Garnison sind alle Soldaten mutig, auf dem Schlachtfeld aber scheiden sich die tapferen von den feigen.
Die größte Versuchung ist es, gar keine zu haben. Wir könnten fast sagen, daß wir uns freuen, wenn wir versucht werden: dies ist nämlich Erntezeit für die Seele, wo sie Schätze für den Himmel sammelt. Wie zur Ernte steht man in aller Frühe auf und müht sich hart ab. Doch klagt und stöhnt man dabei nicht, denn man sammelt ja reichlich Vorrat in seine Scheune.
Der Teufel versucht nur die Seelen, die aus der Sünde ausbrechen wollen, und jene, die im Stande der Gnade sind. Die anderen gehören ihm ohnehin, sie braucht er nicht zu versuchen.
Wenn wir von der heiligen Gegenwart Gottes recht durchdrungen wären, würde es uns sehr leichtfallen, dem Feind zu widerstehen. Wir würden niemals sündigen, wenn wir bedenken, daß Gott uns sieht.

Ein Heiliger beschwerte sich einmal nach einer Versuchung bei unserem Herrn: „Wo warst Du nur, mein liebster Jesus, während dieses furchtbaren Sturmes?" Der Herr antwortete ihm: „Ich war inmitten deines Herzens, und es bereitete mir Freude, dich kämpfen zu sehen."

Ein Christ muß immer zum Kampf bereit sein. Wie zu Kriegszeiten stets Wachposten aufgestellt sind, um zu beobachten, ob der Feind sich nähert, so müssen auch wir immer auf der Hut sein, damit uns der Feind nicht eine Falle stellt und uns überrumpelt.

12. Die Demut, die Königin aller Tugenden

Die Demut ist die große Hilfe zur Gottesliebe, der Stolz das große Hindernis zur Heiligkeit. Er ist das Bindeglied in der Kette der Laster, die Demut das gemeinsame Band aller Tugenden.
Die Heiligen erkannten sich selbst besser, als dies bei den übrigen Menschen der Fall ist; denn sie waren demütig. Es ist unbegreiflich, wie und worauf so kleine Geschöpfe wie wir stolz sein können ... Weniger als eine Handvoll Staub sind wir nach unserem Tode. Das ist nicht sehr viel, um überheblich zu sein.
Unsere Freunde sind die, die uns demütigen, nicht die, die uns loben.
Die Demut ist wie eine Waage: Je mehr sie sich auf der einen Seite senkt, desto mehr steigt die andere.

Eine stolze Person glaubt, alles, was sie tut, sei gut; über alle, die mit ihr zu tun haben, will sie herrschen. Immer hat sie recht, immer glaubt sie, ihr Urteil sei besser als das der anderen ... Nein, so geht es nicht! ... Frägst du eine demütige und kluge Person um ihr Urteil, so teilt sie es dir einfach und aufrichtig mit. Dann läßt sie die anderen ihre Meinung sagen. Haben sie recht oder unrecht, sie fügt nichts hinzu.
Wurde der heilige Louis Gonzaga während seiner Schulzeit aus irgendeinem Grund getadelt, so versuchte er sich nie zu verteidigen. Er sagte, was er dachte, und beunruhigte sich nicht weiter über die

Meinung der anderen. Wenn er unrecht hatte, so hatte er unrecht; war er im Recht, so sagte er sich: „Auch ich habe früher schon manches Mal unrecht gehabt."

Die Heiligen waren ihrem Ich so abgestorben, daß es sie wenig bekümmerte, ob man ihrer Meinung war oder nicht. Die Welt sagt: „Was für einfältige Leute waren doch die Heiligen." — Ja, sie waren einfältig, was die Dinge der Welt anbelangt, aber für die Dinge Gottes waren sie hellhörig. Von weltlichen Dingen verstanden sie sicher nicht viel, denn diese schienen ihnen so unwichtig, daß sie sie kaum beachteten.

13. Gelegentlich ein kleines Opfer

Oh wie liebe ich diese kleinen Opfer, die von niemandem gesehen werden, wie zum Beispiel eine Viertelstunde eher aufstehen, oder sogar in der Nacht für einen kurzen Augenblick das Bett verlassen, um zu beten. Ja es gibt manche, die nicht nur ans Schlafen denken.

Oder man verzichtet mal auf behagliche Wärme. Wenn man nicht bequem sitzt, braucht man nicht gleich einen besseren Platz zu suchen. Bei einem Spaziergang in seinem Garten kann man sich den Genuß von Früchten versagen, die einem so verlockend schmecken würden. Man kann auch manchen Leckerbissen bei Mahlzeiten entbehren oder auf dem Weg durch die Stadt darauf verzichten, seinen Blick auf alles attraktiv Schöne zu richten. Laßt uns statt dessen unseren Herrn betrachten, wie er vor uns sein Kreuz trägt, die heilige Jungfrau, die uns anblickt, und unseren Schutzengel, der uns begleitet.

Sehr gut ist es auch noch, wenn wir auf unseren eigenen Willen verzichten. Wenn eine arme Hausangestellte, die stets nur den Willen ihrer Herrschaft tut, es versteht, diese Selbstentsagung sich zunutze zu machen, kann ihr Leben Gott genauso gut gefallen wie das einer Ordensfrau, die immer treu nach ihrer Ordensregel lebt.

Auch in der Welt kann man zu jeder Stunde seinem Willen entsagen. Man kann auf einen Besuch ver-

zichten, der einem Freude bereiten würde; man tut ein Werk der Nächstenliebe, auch wenn man dabei einen Widerwillen spürt; man geht ein wenig später zu Bett und steht etwas früher als gewohnt auf, und wenn man unter zwei Dingen zu wählen hat, kann man dem den Vorzug geben, das einem weniger behagt.

14. Du sollst verzeihen

Der liebe Gott wird nur denen verzeihen, die verziehen haben. Anders geht es nicht.
Die Heiligen hatten nicht den geringsten Haß und Groll; sie verziehen alles und meinten immer, daß sie wegen ihrer Sünden, wodurch sie Gott beleidigt haben, es viel eher verdienten, gehaßt zu werden. Die schlechten Christen aber wollen sich rächen.
Sobald wir unseren Nächsten hassen, wendet sich Gott gegen uns. Der Spieß wird umgedreht. Ich sagte einmal zu jemandem: „Sie wollen also nicht in den Himmel kommen, damit Sie diesen Menschen nicht zu sehen brauchen?" „Oh ja, doch ... Aber wir wollen uns fernbleiben, damit wir uns nicht sehen." Das wird für sie nicht schwer sein; denn die Pforte des Himmels bleibt für den Haß verschlossen.
Der Himmel kennt keine Rachsucht. Für die guten und demütigen Herzen, die Unrecht und Schmähungen mit Freude oder Gleichmut ertragen, beginnt der Himmel schon auf dieser Welt; wer aber seinen Groll bewahrt, ist unglücklich ... Es gibt Leute von großer äußerer Frömmigkeit, die bei dem geringsten Unrecht und der kleinsten Verleumdung sich betroffen und verletzt fühlen ...

Das beste Mittel, den Teufel abzuwehren, wenn er uns gehässige Gedanken gegen die einflößt, die uns Böses tun, ist das sofortige Gebet für sie. So wird es gelingen, das Böse durch das Gute zu besiegen, und das tun die Heiligen.

15. Durch Kampf zum Sieg

Man darf nicht glauben, daß es auf Erden irgendeinen Ort gibt, wo wir dem Kampf gegen den Teufel entkommen könnten. Wir werden unseren Widersacher überall finden, und überall wird er versuchen, uns den Himmel zu entreißen. Aber immer und überall können wir Sieger bleiben. Es ist nicht anders als bei sonstigen Kämpfen. Bei zwei Parteien gibt es immer einen Besiegten. Wenn wir wollen, können wir mit der Gnade Gottes, die uns nie verweigert wird, immer triumphieren.
Sollten wir einmal fürchten, daß alles verloren ist, so brauchen wir nur zu rufen: „Herr, rette uns, wir gehen zugrunde!" Denn unser Herr ist da, dicht neben uns, er sieht uns mit Wohlgefallen und ermuntert uns: „Wahrlich, du liebst mich, und ich werde dich dafür belohnen." Bei diesen Kämpfen gegen die Hölle und gegen die Versuchungen können wir in der Tat Gott unsere Liebe beweisen.
Wie viele unbekannte Seelen gibt es in dieser Welt, an denen wir eines Tages erkennen werden, wie reich sie durch jeden Sieg über den Augenblick wurden. Zu ihnen wird der liebe Gott sagen: „Kommt, ihr Gesegneten meines Vaters, . . . tretet ein in die Freude eures Herrn!"
Wir haben noch nicht wie die Märtyrer gelitten. Fragt sie, ob ihnen ihr Opfer jetzt leid tut . . . Der liebe Gott verlangt nicht so viel von uns . . . Ein einziges Wort kann alles zunichte machen, eine kleine Demütigung den Kahn kentern lassen. Mut,

meine Freunde, Mut! Wenn der letzte Tag kommen wird, werdet ihr sagen: „Glückliche Kämpfe, die mir den Himmel verdient haben!"
Es gibt nur eines: entweder herrscht ein Christ über seine Leidenschaften, oder seine Leidenschaften beherrschen ihn. Es gibt keinen Mittelweg.
Wenn wir gleich tapferen Soldaten stets voranmarschieren, werden wir, wenn die Versuchungen und Kämpfe kommen, zu Gott unser Herz erheben und neuen Mut fassen. Bleibt man aber zurück, so sagt man: „Wenn ich mich nur rette! Mehr brauche ich nicht. Ich will kein Heiliger werden!" Doch wenn du kein Heiliger bist, wirst du ein Verstoßener sein. Einen Mittelweg gibt es nicht. Sieh dich vor: entweder bist du das eine oder das andere! Alle, die den Himmel eines Tages besitzen, werden Heilige sein.
Der Teufel will uns bis zum letzten Augenblick durch seine Unterhaltung fesseln, ähnlich wie man sich mit einem Landstreicher zwischenzeitlich unterhält, nachdem man die Polizei verständigt hat, um ihn festnehmen zu lassen. Wenn sie eintrifft, randaliert er und ist voll banger Sorge. Aber trotzdem läßt man ihn nicht frei.

Wir sind auf dieser Welt wie ein Schiff auf dem Meer. Was verursacht die hohen Wellen? Der Sturm. Auf Erden bläst stets der Wind. Die Leidenschaften bewirken den Sturm in unserer Seele. Im Kampf gegen sie verdienen wir uns den Himmel.

16. Eine reine Seele vermag alles

Es gibt nichts Schöneres als eine reine Seele … Wenn man dies begreifen würde, könnte man die Reinheit nie verlieren. Die reine Seele hängt nicht am Materiellen, an irdischen Dingen und an ihrem Ich …

Wer seine Taufunschuld bewahrt hat, gleicht einem Kind, das seinem Vater stets gehorsam war …

Hat man seine Unschuld bewahrt, so fühlt man sich von der Liebe Gottes emporgetragen wie der Adler auf seinen Schwingen.

Ein Christ reinen Herzens ist auf Erden wie ein Vogel, den man an einem Faden festhält. Armer kleiner Vogel! Er wartet nur auf den Augenblick, wo der Faden durchschnitten wird, damit er davonfliegen kann.

Eine reine Seele gleicht einer schönen Perle. Solange sie in einer Muschel auf dem Meeresboden verborgen liegt, kommt es niemandem in den Sinn, sie zu bewundern. Wenn ihr sie aber ins Sonnenlicht bringt, glänzt und funkelt sie und zieht die Blicke auf sich. So wird auch die reine Seele, die den Augen der Welt verborgen ist, einst im Licht der ewigen Sonne vor den Engeln erstrahlen.

Wer die Reinheit verloren hat, ist wie ein von Ölflecken verunreinigtes Tuch. Man mag es waschen, doch nach dem Trocknen zeigen sich wieder die Flecken. So ist es auch bei der Sünde gegen die Reinheit. Eine gewöhnliche Seelenwäsche reicht hier nicht.

Wenn wir das Unglück haben, eine solche Sünde der Unreinheit zu begehen, werden wir zu einer Wohnstätte für Dämonen. Unser Herr hat gesagt, daß nichts Unreines in sein Königreich eingehen wird.
Die Reinheit ist ein Geschenk des Himmels. Man muß sie von Gott erbitten. Wenn wir darum bitten, werden wir sie erhalten. Man muß sehr achtgeben, sie nicht zu verlieren. Wir müssen unser Herz dem Stolz, der Sinnlichkeit und allen anderen Leidenschaften verschließen ... wie man Türen und Fenster verschließt, damit niemand einbrechen kann.

Was für eine Freude ist es für den Schutzengel, der beauftragt ist, eine reine Seele zu führen!
Meine Kinder, wenn eine Seele rein ist, schaut der ganze Himmel mit Liebe auf sie ...
Die reinen Seelen werden um unseren Herrn den Hof bilden. Je reiner wir uns hier bewahren, desto näher werden wir Ihm im Himmel sein.

Meine Kinder, wir können den Einfluß, den eine reine Seele auf den lieben Gott hat, nicht begreifen: sie erhält alles, was sie will.
Eine reine Seele ist bei Gott wie ein Kind bei seiner Mutter. Es liebt und herzt sie, und die Mutter erwidert ihm seine Zärtlichkeiten.
Um die Reinheit zu bewahren, gibt es drei Dinge: die Gegenwart Gottes, das Gebet und die Sakramente.

17. Das Gebet, der erfrischende Morgentau für die Seele

Meine Kinder, klein ist euer Herz, doch das Gebet macht es groß und fähig, Gott zu lieben. Das Gebet ist ein Vorgeschmack des Himmels, ein Labsal aus dem Paradies. Niemals läßt es uns ohne Trost.

Wie Honig ist es, der in die Seele fließt und alles versüßt.

Im guten Gebet schmilzt das Leid wie der Schnee in der Sonne.

Das Gebet ist wie ein erfrischender Morgentau, doch nur der spürt ihn, der mit reinem Herzen betet.

Bedenkt, meine Kinder, der Schatz eines Christen liegt nicht auf Erden, er ist im Himmel. Dorthin müssen wir unsere Gedanken richten, wo unser Schatz ist.

Der Mensch hat eine schöne Aufgabe, nämlich zu beten und zu lieben ... Laßt uns deshalb beten und lieben! Darin besteht die menschliche Seligkeit auf Erden.

Das Gebet ist nichts anderes, als sich mit Gott vereinen. Wenn unser Herz rein und mit Gott verbunden ist, fühlen wir in uns eine süße, berauschende Labung und ein blendendes Licht. In dieser innigen Gemeinschaft sind Gott und die Seele wie zwei zusammengeschmolzene Wachsstücke, die man nicht mehr trennen kann. Diese Vereinigung Gottes mit seinem kleinen Geschöpf ist etwas Wunderbares – ein unbegreiflich großes Glück.

In der Freude des Gebets versunken, merkt man kaum, wie die Zeit enteilt. Je mehr wir beten, desto mehr wollen wir beten. Es gibt Menschen, für die das Gebet so natürlich und selbstverständlich ist wie für den Fisch das Wasser; denn sie gehören ganz Gott an. Es ist keine Trennwand zwischen Ihm und ihrem Herzen mehr vorhanden. Oh wie liebenswert sind diese edelmütigen Seelen!
Der heilige Franziskus von Assisi und die heilige Colette sprachen mit Gott in gleicher Weise, wie wir uns unterhalten. Wenn wir in die Kirche gehen, wissen wir jedoch manchmal nicht, warum wir überhaupt kommen und wofür wir nun bitten wollen.

Diejenigen, die nicht beten, wenden sich ganz der Erde zu und sind wie ein Maulwurf, der bemüht ist, ein Loch zu graben, um sich zu verstecken. Sie lieben nur Irdisches und Materielles. Stumpfsinnig, ohne ein Gefühl für das Göttliche zu haben, denken sie nur an zeitliche Güter.
Wer nicht betet, gleicht einem jener schweren Hühner, die nur eine kurze Strecke fliegen können und sogleich wieder zu Boden fallen. Dann graben sie sich ein, indem sie die Erde aufscharren; sie bedecken damit den Kopf und scheinen dabei ihr einziges Vergnügen zu finden. — Wer aber betet, gleicht einem kühnen Adler, der hoch in den Lüften segelt; er scheint sich immer mehr der Sonne nähern zu wollen. Das ist der gute Christ auf den Schwingen des Gebets.
Beten ist etwas Schönes. Wer in der Gnade Gottes

ist, den braucht man es nicht zu lehren. Er lernt es von selbst.
Der liebe Gott braucht uns nicht. Wenn er uns aber auffordert zu beten, dann tut er es deshalb, weil er unser Glück will und wir dieses nur im Gebet finden. Wenn er uns, seine kleinen Geschöpfe, kommen sieht, neigt er sich uns zu, wie ein Vater es tut, um sein Kind anzuhören, das mit ihm sprechen will.

Am Morgen muß man es machen wie das Kind in der Wiege. Gleich nach dem Erwachen hält es eilig Ausschau nach seiner Mutter . . .
Auf zweifache Weise können wir uns mit dem Herrn verbinden und dabei unser Heil finden: durch das Gebet und die Sakramente. Die Heiligen haben oft die Sakramente empfangen und im Gebet ihre Seele zu Gott erhoben.

18. Laßt uns den Heiligen Geist anrufen!

Wenn ein Christ vom Heiligen Geist geführt wird, fällt es ihm nicht schwer, die weltlichen Güter im Stich zu lassen, um den himmlischen zuzueilen. Er kann sie unterscheiden.

Wer vom Heiligen Geist geleitet wird, denkt Rechtes. So kommt es, daß es viele Ungelehrte gibt, die weiser als die Gelehrten sind. Wenn wir von einem Gott der Stärke und des Lichtes geleitet werden, können wir uns nicht irren.

Der Heilige Geist ist Helligkeit und Stärke. Er ist es, der uns das Wahre vom Falschen, das Gute vom Bösen unterscheiden läßt. Wie durch ein Vergrößerungsglas läßt er uns das Gute und Böse deutlich erkennen. Mit dem Heiligen Geist sehen wir alles groß: wir erkennen die Größe der geringsten für Gott getanen Werke und die Größe der kleinen Fehler. Wie ein Uhrmacher mit seiner Lupe das kleinste Räderwerk einer Uhr sieht, so erkennen wir durch das Licht des Heiligen Geistes jeden Teil unseres armen Lebens. Dann erscheinen die geringsten Unvollkommenheiten schwerwiegend, und die kleinsten Sünden verursachen Schrecken.

Indem der liebe Gott uns den Heiligen Geist schickt, handelt er aus Rücksicht zu uns wie ein großer König, der seinen Diener beauftragt, einen seiner Untertanen zu begleiten, wobei er ihm sagt: „Du begleitest diesen Menschen überall hin und bringst ihn mir dann wieder gesund und heil zurück.“ Wie herrlich ist es, vom Heiligen Geist begleitet zu wer-

den! Er ist ein guter Führer ... Trotzdem gibt es welche, die ihm nicht folgen wollen ...
Wenn man die Verdammten fragen würde: „Warum seid ihr in der Hölle?", würden sie antworten: „Weil wir dem Heiligen Geist widerstanden haben." Und würden wir die Heiligen fragen, warum sie im Himmel sind, würden sie antworten: „Weil wir auf den Heiligen Geist gehört haben."
Die sich vom Heiligen Geist führen lassen, erfahren in sich alles Glück, während die schlechten Christen auf Dornen und Kieselsteinen gehen.
Ohne den Heiligen Geist sind wir wie ein gewöhnlicher Stein der Landstraße. Nehmt in eine Hand einen Kieselstein und in die andere einen nassen Schwamm und preßt beide gleich stark. Aus dem Stein kommt nichts heraus; aber aus dem Schwamm fließt Wasser. Der Schwamm ist Sinnbild der vom Heiligen Geist erfüllten Seele, der Kieselstein Bild für das kalte, harte Herz, in dem der Heilige Geist keine Wohnstätte hat.

Der Heilige Geist führt uns wie eine Mutter ihr kleines Kind, wie ein Sehender einen Blinden. Jeden Morgen sollen wir beten: „Sende mir den Heiligen Geist, damit ich erkenne, wer ich bin und wer Du bist! ..." Eine Seele, die den Heiligen Geist besitzt, findet im Gebet eine besondere Freude, die ihr immer die Zeit zu kurz werden läßt; sie verliert niemals die heilige Gegenwart Gottes.

19. Die Mutter Gottes ist die Mittlerin aller Gnaden

Man vergleicht die heilige Jungfrau oft mit einer Mutter, aber sie ist viel besser als die beste der Mütter; denn die gütigste Mutter bestraft ab und zu ihr Kind, wenn es ihr Kummer bereitet hat, und sie glaubt, damit Gutes zu tun. Aber nicht so die Himmlische Mutter. Sie ist so gut, daß sie uns immer liebevoll behandelt.

Das Herz dieser guten Mutter besteht nur aus Liebe und Barmherzigkeit. Ihr einziger Wunsch ist es, uns glücklich zu sehen. Man braucht sich nur an sie zu wenden, um erhört zu werden.

Ihr Sohn besitzt Gerechtigkeit, die Mutter nur ihre Liebe.

Gott hat uns so geliebt, daß er für uns gestorben ist. Im Herzen unseres Herrn wohnt die Gerechtigkeit. Sie ist eine Eigenschaft Gottes. Im Herzen der heiligsten Jungfrau wohnt nur die Barmherzigkeit . . .

Wenn ihr Sohn einen Sünder bestrafen will, eilt sie herbei, hält seinen Arm zurück und bittet für den armen Sünder um Gnade. „Meine Mutter", sagt der Herr zu ihr, „ich kann Dir nichts verweigern. Wenn die Hölle bereuen könnte, würdest Du für sie Barmherzigkeit erlangen."

Die heiligste Jungfrau steht zwischen uns und ihrem Sohn. Obwohl wir Sünder sind, ist sie voll Zärtlichkeit und Mitleid mit uns. Ist nicht das Kind, das der Mutter die meisten Tränen gekostet hat, ihrem Herzen das teuerste? Eilt nicht eine Mutter immer dem schwächsten und gefährdetsten Kind zu Hilfe? Kümmert sich ein Arzt nicht um so mehr, je kränker ein Patient ist?

Alle Heiligen hatten eine große Verehrung zur Mutter Gottes. Keine Gnade kommt vom Himmel, die nicht durch ihre Hände ginge ... Ich glaube, daß die heilige Jungfrau erst am Ende der Zeiten Ruhe für sich finden wird; solange aber die Welt besteht, wird sie von allen Seiten bestürmt werden ...

Sie ist wie eine Mutter mit vielen Kindern, ständig damit beschäftigt, von einem zum anderen zu gehen.

Wollen wir einer bedeutenden Person etwas schenken, so lassen wir es von jemandem überreichen, der in ihrer Gunst steht, damit unsere Ehrerbietung ihr noch größere Freude bereitet. Ähnlich erfahren auch unsere Gebete durch die Vermittlung der heiligen Jungfrau eine viel höhere Wertschätzung, weil Maria das einzige Geschöpf ist, das Gott nie beleidigt hat.

Berühren unsere Hände etwas Duftendes, so übertragen sie diesen Duft auf alles, womit sie in Berührung kommen. Wenn wir Maria als Mittlerin für unsere Gebete erwählen, wird sie ihnen einen wunderbar angenehmen Duft verleihen.

20. Die heilige Messe, ein Geschenk Gottes

Alle guten Werke zusammen erreichen nicht den Wert eines einzigen Meßopfers, denn sie sind die Werke der Menschen; die Messe aber ist Gottes Werk. Mit ihr verglichen, bedeutet selbst das Opfer des Märtyrers nichts. Hier gibt der Mensch Gott sein Leben hin; in der Messe ist es Gott, der seinen Leib und sein Blut für den Menschen opfert.
Auf das Wort des Priesters steigt der Herr vom Himmel und schließt sich in die kleine Hostie ein. Gottes Blick wendet sich zum Altar. „Hier ist mein geliebter Sohn, an dem ich mein Wohlgefallen habe." Den Verdiensten dieses Opfers kann er nichts verweigern.
Oh wie wunderbar! Nach der Wandlung ist der liebe Gott hier bei uns wie im Himmel ... Wenn man uns sagte, um diese oder jene Stunde würde ein Toter auferweckt, wie schnell kämen da die Leute zusammen, um das zu sehen! Aber ist nicht die Wandlung, wodurch Brot und Wein in das Fleisch und das Blut Gottes verwandelt werden, ein viel größeres Wunder als eine Totenerweckung?

Wir sollten jedesmal wenigstens eine Viertelstunde darauf verwenden, uns für die heilige Messe gut vorzubereiten. Angesichts der tiefen Verdemütigung Christi im Sakrament der Eucharistie sollten auch wir uns vorher vor dem lieben Gott verdemütigen und unser Gewissen erforschen; denn, um einer

Meßfeier gut beizuwohnen, müssen wir im Stande der Gnade sein.
Um wieviel eifriger und inniger würden wir am heiligen Meßopfer teilnehmen, wenn wir seinen Wert besser verstünden und Glauben hätten.

21. Die Beichte – das beste Heilmittel für die kranke Seele

Meine Kinder, man kann die Güte nicht begreifen, die Gott uns erwiesen hat, als er dieses große Sakrament der Buße einsetzte.

Wenn man zu den armen Verdammten, die schon lange in der Hölle sind, sagen würde: „Wir werden am Eingang der Hölle einen Priester stellen. Jeder, der beichten will, braucht nur hinauszugehen." Glaubt ihr, meine Kinder, daß ein einziger zurückbliebe? Die größten Verbrecher würden sich nicht fürchten, ihre Sünden zu bekennen, selbst wenn sie dies vor der ganzen Welt tun müßten. Oh wie schnell würde die Hölle sich leeren und der Himmel sich bevölkern. Wir jedoch haben die Zeit und die Möglichkeiten, die diese armen Verdammten nicht haben.

Meine Kinder, sobald wir einen Flecken auf unserer Seele haben, müssen wir es machen wie jemand, der eine herrliche Kristallkugel besitzt, auf die er immer sorgfältig achtet. Wenn er nur ein bißchen Staub darauf bemerkt, fährt er schnell mit einem Schwamm darüber, und schon strahlt die Kugel wieder.

Wie schön ist es zu wissen, daß wir ein Sakrament haben, das die Wunden unserer Seele heilt! Wir müssen es jedoch mit aufrichtigem Herzen und gutem Vorsatz empfangen, sonst kommen neue Wunden zu den alten hinzu.

Was würdet ihr von jemandem halten, der ganz mit

Wunden bedeckt ist und sich folgendermaßen benimmt: Man rät ihm, ins Krankenhaus zu gehen. Er sucht einen Arzt auf, der ihn mit Medikamenten heilt. Jetzt aber nimmt er sein Messer und bringt sich damit tiefe Schnitte bei; er richtet sich noch schlimmer zu als zuvor. Seht ihr, so macht es auch ihr oft, wenn ihr aus dem Beichtstuhl kommt und wieder in die gleichen Sünden fallt.
Andere entweihen das Sakrament, weil es ihnen an Aufrichtigkeit fehlt. Zehn, zwanzig Jahre verheimlichen sie schon manche Todsünde. Ständig werden sie gequält, immer steht ihre Sünde vor ihrem Geist, immer denken sie daran, sie zu beichten, und immer schieben sie es hinaus; es ist wie eine Hölle.

Meine Kinder, man muß darum beten, daß man seine Sünden gut bereut. Nachdem man sie gebeichtet hat, muß man den Stachel der Reue im Herzen behalten und seine Sünden nicht aus dem Auge verlieren. Es sollte uns geschehen wie dem heiligen Franziskus: ein Engel pflanzte ihm fünf Stacheln ein, die ständig in ihm blieben.
Nach einer guten Beichte habt ihr den Teufel in Ketten gelegt.
Die Sünden, die wir verheimlichen, werden alle wieder offenbar. Um sie gut auszulöschen, müssen wir sie aufrichtig beichten.

22. Nicht zu viel und nicht zu wenig erhoffen

Meine Kinder, wir werden diesmal von der Hoffnung sprechen. Sie gibt uns alle Seligkeit auf Erden.

Manche erhoffen zu viel auf dieser Welt, andere wiederum nicht genug.
Es gibt welche, die sagen: „Ich werde jene Sünde noch einmal begehen. Es kostet mich bei einer Beichte ebensowenig, ob ich ‚viermal' sage oder ‚dreimal'." Es ist, wie wenn ein Kind zu seinem Vater sprechen würde: „Ich gebe dir gleich vier Schläge ins Gesicht; denn es kommt auf das gleiche hinaus, wie wenn ich dir nur einen gäbe. Ich muß dich lediglich um Verzeihung bitten."
Der liebe Gott ist nicht grausam, er ist aber gerecht. Meint ihr, er wird sich jedem euerer Wünsche fügen. Glaubt ihr, er wird euch mit offenen Armen empfangen, wenn ihr ihn ein ganzes Leben lang verachtet. Oh nein! Es gibt sowohl für die Gnade als auch für die Sünde ein Maß; ist es voll, dann zieht Gott sich von uns zurück. Was würdet ihr von einem Vater halten, der ein böses Kind genauso behandelt wie ein artiges? Würdet ihr ihm nicht vorwerfen, daß er nicht gerecht ist. So wäre auch Gott nicht gerecht, wenn er keinen Unterschied zwischen denen machen würde, die ihm dienen, und denen, die ihn beleidigen.
Heute gibt es so wenig Glauben in der Welt, daß man entweder zu viel hofft oder verzweifelt. Manche

sagen: „Ich habe so viel Böses getan, daß mir Gott nicht mehr verzeihen kann.“ Meine Kinder, das ist eine große Gotteslästerung. Hier wird der göttlichen Barmherzigkeit eine Grenze gesetzt, und sie ist doch grenzenlos und unendlich. Wenn ihr soviel Böses getan hättet, daß daran die Seelen einer ganzen Pfarrei zugrunde gingen, würde der liebe Gott es euch verzeihen, wenn ihr aufrichtig beichtet, es von Herzen bereut und den Vorsatz habt, es nicht wieder zu tun.
Unser Herr ist wie eine Mutter, die ihr Kind auf ihren Armen trägt. Dieses Kind ist böse, stößt seine Mutter mit den Füßen, beißt und kratzt sie. Die Mutter aber achtet gar nicht darauf. Sie weiß, wenn sie es losließe, würde es fallen, es könnte nicht einmal allein gehen. Seht ihr, so ist unser Herr ... Er duldet es, wenn wir ihn schlecht behandeln; er erträgt unsere Anmaßung; er verzeiht unsere Torheit, denn er hat Mitleid mit uns, obwohl wir dessen nicht wert sind.

Der liebe Gott ist ebenso bereit, uns zu verzeihen, wenn wir ihn darum bitten, wie eine Mutter bereit ist, ihr Kind aus dem Feuer zu ziehen.

23. Die Eucharistie öffnet uns die Pforte des Himmels

„Worum ihr den Vater in meinem Namen bitten werdet", so sagt Jesus, „das wird er euch geben." Niemals wären wir auf den Gedanken gekommen, Gott um seinen eigenen Sohn zu bitten. Wovon der Mensch sich keine Vorstellung machen konnte, das tat Gott. Er sprach, plante und verwirklichte in seiner Liebe, was der Mensch weder aussprechen noch ausdenken konnte, was er nie gewagt hätte sich zu wünschen. Hätten wir uns je getraut, Gott zu bitten, er möge für uns seinen Sohn sterben lassen und uns sein Fleisch zu essen und sein Blut zu trinken geben?

Ohne die göttliche Eucharistie gäbe es kein wahres Glück in dieser Welt. Das Leben wäre nicht zu ertragen. Unsere Freude und Seligkeit bekommen wir mit der heiligen Kommunion.

Der liebe Gott, der sich im Sakrament seiner Liebe uns schenken will, gab uns ein starkes, tiefes Verlangen, das nur er zu stillen imstande ist . . . Würden wir diesem großen Sakrament keine Beachtung schenken, so wären wir wie ein Verdurstender am Flußufer; er bräuchte sich nur zu bücken . . ., oder wie jemand, der neben einem Schatz verarmt, weil er seine Hand nicht ausstreckt.

Könnten wir Christen doch verstehen, was der Herr uns sagt: „Trotz deiner Erbärmlichkeit möchte ich dich aus nächster Nähe sehen, deine schöne Seele, die ich für mich erschaffen habe. So groß habe ich sie gemacht, daß nur ich sie auszufüllen vermag, so rein, daß nur mein Leib für sie Nahrung sein kann."

Meine Kinder, es gibt nichts Größeres als die Eucharistie. Wie ein Staubkorn vor einem Gebirge sind alle guten Werke auf Erden im Vergleich zu einer einzigen würdigen Kommunion.

Könnte das Menschenherz alle in der heiligen Kommunion eingeschlossenen Reichtümer ausschöpfen, so benötigte es nichts weiter, um glücklich und zufrieden zu sein. Der Geizige liefe nicht mehr dem Gelde nach, und den Ehrgeizigen triebe es nicht mehr nach äußeren Ehren. Jeder würde gerne die Erde verlassen, den Staub von seinen Schuhen schütteln und dem Himmel entgegeneilen.

Wer die heilige Eucharistie empfängt, verliert sich in Gott wie ein Wassertropfen im Ozean. Man kann sie nicht mehr voneinander trennen. Wenn nach der Kommunion uns jemand mit der Frage überraschte: „Was tragt ihr mit euch nach Hause?" so könnten wir antworten: „Wir tragen den Himmel mit uns fort." Das trifft genau zu. Doch unser Glaube ist nicht groß genug. Wir begreifen unsere Würde nicht. Wenn wir vom heiligen Tisch weggehen, sind wir so glücklich, wie es die drei Weisen aus dem Morgenland gewesen wären, wenn sie das Jesuskind mit sich forttragen hätten können.

Beim Empfang der heiligen Kommunion ergreift uns ein eigenartiges Gefühl, ein Wohlbefinden, das selbst körperlich spürbar wird. Was ist es, das wir hier empfinden? Es ist die Ehrfurcht vor der Gegenwart Gottes, die uns erschauern läßt. Mit dem heiligen Johannes können wir nur bekennen: „Es ist der Herr!" Wer hier überhaupt nichts empfindet, ist zu bedauern.

Mir gefällt es nicht, wenn jemand sofort nach dem heiligen Mahl zu lesen beginnt. Oh nein! Warum jetzt Menschenworte, wenn Gott zu uns spricht? . . . Wir müssen darauf hören, was der liebe Gott zu unserem Herzen spricht.

Füllt eine Flasche mit Wein und verkorkt sie gut, so könnt ihr den Wein aufbewahren, solange ihr wollt. Ähnlich könnt auch ihr nach der Kommunion in euch den Herrn bewahren und lange jenes Feuer spüren, das die Liebe zum Guten und Abscheu gegen das Böse im Herzen wachhält, wenn ihr ein Leben innerer Sammlung und frommer Betrachtung führt.

24. Keine Angst, die heilige Kommunion öfters zu empfangen

Meine Kinder, alle Geschöpfe brauchen Nahrung, um zu leben — auch die Seele. Wo findet sie diese Nahrung?

Als Gott unserer Seele Speise geben wollte, um sie auf ihrer Pilgerschaft zu stärken, ließ er seinen Blick über die Schöpfung streifen: aber er fand nichts, was der Seele würdig gewesen wäre. Dann faßte er in seinem Innern den Entschluß, sich selbst zu schenken ... Oh meine Seele, wie groß bist du, da nur Gott dich zufriedenstellen kann! ...

Die Nahrung der Seele ist der Leib und das Blut Gottes! Oh wunderbare Nahrung! Die Seele kann sich nur von Gott nähren. Nur Gott kann sie sättigen, nur er ihren Hunger stillen. Für sie ist Gott absolut notwendig.

Wie glücklich sind die reinen Seelen, die die Gnade haben, sich mit unserem Herrn in der Kommunion zu vereinen. Im Himmel werden sie wie herrliche Diamanten strahlen, weil Gott sich in ihnen schauen wird.

Man spürt es, wenn eine Seele das Sakrament der Eucharistie würdig empfangen hat. Sie ist so in Liebe versunken, von ihr durchdrungen und verändert, daß man sie in ihrem Handeln und in ihren Worten nicht wiedererkennt ... Sie ist demütig, liebenswürdig und bescheiden; sie ist in friedlichem Einklang mit der ganzen Welt. Sie ist eine zu den größten Opfern fähige Seele.

Geht deshalb zur heiligen Kommunion, meine Kinder, empfangt Jesus mit Liebe und Vertrauen! Lebt *von ihm*, um *für ihn* zu leben. Sagt nicht, ihr hättet zu viel Arbeit. Hat nicht der göttliche Erlöser gesagt: „Kommet alle zu mir, die ihr mühselig und beladen seid, ich werde euch erquicken." Wie könnt ihr eine so liebevolle Einladung zurückweisen. Sagt nicht, ihr wäret ihrer nicht wert. Ja, es ist wahr, ihr habt sie nicht verdient, aber ihr braucht sie. Wenn Gott darauf gesehen hätte, ob wir ihrer würdig wären, er hätte das wunderbare Sakrament seiner Liebe niemals eingesetzt; denn niemand auf der Welt ist es wert, weder die Heiligen, noch die Engel oder Erzengel ... Er aber hat unsere Not gesehen, und notwendig ist dieses Sakrament für jeden von uns. Entschuldigt euch nicht damit, daß ihr armselige Sünder seid und deshalb ihm nicht zu nahen wagt. Es wäre das gleiche, wie wenn ihr sagen würdet, ihr seid zu krank, um einen Arzt rufen zu lassen und ein Heilmittel zu nehmen.

Was tut der Herr im Sakrament seiner Liebe? Er verschenkt sein Herz, um uns zu lieben. Ein Hauch zärtlicher Barmherzigkeit strömt aus diesem Herzen, um die Sünden der Welt hinwegzunehmen.

Wenn wir nach Empfang des Sakraments die Liebe Gottes in uns schwinden fühlen, laßt uns geistigerweise mit dem lebenspendenden Leib des Heilands uns wieder vereinen! ... Können wir nicht in die Kirche kommen, so wenden wir uns dem Tabernakel zu. Der liebe Gott kennt keine Mauer, die ihn hindern könnte. Wir dürfen ihn in Gestalt der heiligen

Hostie nur einmal am Tag empfangen. Eine von Liebe durchdrungene Seele entschädigt sich, indem sie voll heißer Sehnsucht immer aufs neue sich mit ihm vereinigt.

Meine Kinder, wenn wir den Wert der heiligen Eucharistie wirklich verstünden, würden wir die kleinsten Sünden meiden, um das Glück zu haben, den Leib des Herrn öfters empfangen zu dürfen. Wir würden unsere Seele immer rein bewahren.

25. Laßt uns den Herrn besuchen!

Unser Herr, im Tabernakel verborgen, wartet darauf, daß wir mit unseren Bitten zu ihm kommen. Er ist gegenwärtig im Sakrament seiner Liebe, stets bereit, bei seinem Vater für die Sünder Fürsprache einzulegen. Er ist hier, um uns zu trösten. Laßt uns ihn öfters besuchen! Sooft wir uns für eine kleine viertel Stunde von unseren Beschäftigungen oder von so manchem nutzlosen Zeitvertreib freimachen, um zu ihm zu kommen, ihn zu bitten und ihn für die zugefügten Schmähungen zu trösten, bereiten wir ihm Freude. Wenn immer er reine Seelen in aufrichtiger Hingabe kommen sieht, lächelt er ihnen entgegen. Welche Seligkeit dürfen wir in der Gegenwart Gottes erfahren, wenn wir uns allein zu seinen Füßen vor dem heiligen Tabernakel einfinden!
Hört, meine Kinder, wenn ihr während der Nacht aufwacht, begebt euch schnell im Geiste vor den Tabernakel und sagt dem Herrn: „Mein Gott, hier bin ich! Ich komme, um Dich anzubeten, Dich zu loben und zu preisen, Dir zu danken, Dich zu lieben und Dir mit den Engeln Gesellschaft zu leisten!“ ...

Wenn wir Gott liebten, sähen wir immer vor unserem geistigen Auge diesen vergoldeten Tabernakel, dieses Haus des lieben Gottes. Erblicken wir unterwegs eine Kirche, so soll ihr Anblick unser Herz höher schlagen lassen.
Hätten wir die Augen der Engel und sähen unseren Herrn Jesus Christus gegenwärtig im Tabernakel,

seinen Blick auf uns gerichtet, wie würden wir ihn lieben! Wir würden nicht mehr von ihm gehen, wir wollten immer zu seinen Füßen bleiben; es wäre ein Vorgeschmack des Himmels. Alles übrige bliebe uns schal. Aber merkt ihr, wie sehr uns noch der Glaube fehlt?

Sind wir vor dem heiligen Sakrament, so laßt uns, statt umherzusehen, unsere Augen schließen und unser Herz öffnen. Der liebe Gott wird das seine öffnen. Wir gehen zu ihm, er kommt zu uns, wir, um zu bitten, er, um zu schenken.

26. Der Priester erschließt uns die Gnaden Gottes

Was ist der Priester? Ein Mensch, der Gottes Stelle vertritt; ein Mensch, der mit der Macht Gottes ausgestattet ist. „Geht hin", sagt unser Herr zu den Priestern, „wie mich der Vater gesandt hat, so sende ich euch . . . Alle Macht ist mir gegeben im Himmel wie auf Erden. Geht hin und lehret alle Völker! . . . Wer euch hört, hört mich, wer euch verachtet, verachtet mich."
Wenn der Priester Sünden vergibt, sagt er nicht: „Gott vergibt dir." Er sagt: „*Ich* spreche dich los."

Der heilige Bernhard betont, daß alles durch Maria uns zuteil wurde. Ebenso kann man sagen, daß alles uns durch den Priester zuteil wird: ja, alles Glück, alle Gnaden, alle himmlischen Gaben.
Wenn es nicht das Sakrament der Priesterweihe gäbe, hätten wir Gott unseren Herrn nicht bei uns. Wer tat ihn dort in diesen Tabernakel? Es war der Priester. Wer hat euere Seele ins Leben eingeführt? Der Priester. Wer gibt ihr Nahrung, damit sie Kraft für ihre Pilgerschaft hat? Der Priester. Wer wird sie vorbereiten, vor Gott zu erscheinen, indem er sie zum letztenmal im Blute Christi reinigt? Der Priester, immer der Priester . . . Ihr könnt euch an keine einzige wahre Hilfe Gottes erinnern, ohne dabei dem Bild des Priesters zu begegnen.
Geht ihr beichten bei der heiligen Jungfrau oder bei einem Engel? Geben sie euch die Lossprechung?

Nein. Reichen sie euch den Leib und das Blut eures Herrn? Nein. Die heilige Jungfrau kann ihren göttlichen Sohn nicht in die Hostie herabsteigen lassen. Und hättest du zweihundert Engel an deiner Seite, sie könnten deine Sünden nicht von dir nehmen. Ein Priester — und sei er noch so schlicht und einfach — vermag es. Er kann dir sagen: „Ich spreche dich los von deinen Sünden. Gehe hin in Frieden!"

Wenn man die Religion zerstören will, greift man zuerst den Priester an. Denn wo es keinen Priester mehr gibt, gibt es kein heiliges Opfer mehr, und wo es kein heiliges Opfer mehr gibt, stirbt die Religion.

Was ist es doch Großes um einen Priester! Ohne ihn ist Gottes Wohlwollen für uns so nutzlos wie ein Haus voll Gold, wenn es niemand gibt, der es für uns öffnen kann. Ohne den Priester würden Leiden und Tod unseres Herrn für uns verloren sein.
Das Priestertum ist die Herzensliebe Christi. Wenn ihr einen Priester seht, denkt an unseren Herrn Jesus Christus!

27. Je mehr wir Gott erkennen, desto mehr lieben wir ihn

Der Mensch ist aus Liebe erschaffen und kann nicht ohne Liebe leben. Entweder liebt er Gott oder er liebt die Welt. Wer Gott nicht liebt, hängt sein Herz an Dinge, die wie Rauch vergehen.

Je mehr wir die Menschen kennenlernen, desto weniger lieben wir sie. Bei Gott ist das Gegenteil der Fall: je mehr wir ihn erkennen, desto mehr lieben wir ihn. Dieses Erkennen entzündet in unserer Seele ein solches Feuer der Liebe, daß sie nichts stärker lieben und ersehnen kann als Gott ...

Die Liebe Gottes ist ein Vorgeschmack des Himmels. Wenn wir sie erfahren könnten, oh wie würde uns das glücklich machen! Daß wir uns so unglücklich fühlen, kommt daher, daß wir Gott nicht lieben.

Doch so mancher hat Glück und Erfolg im Leben, der Gott nicht liebt und nicht zu ihm betet. Das ist kein gutes Zeichen. Er hat neben vielem Bösen auch Gutes getan; dafür entschädigt ihn der gerechte Gott schon in diesem Leben.

Wir sollen es machen, wie die Hirten im Winter auf den Feldern: sie zünden ein Feuer an und tragen von Zeit zu Zeit von allen Seiten eifrig Holz herbei, damit es nicht erlischt. Wenn wir, ähnlich den Hirten, es verstünden, durch Gebet und gute Werke das Feuer der Gottesliebe in unserem Herzen zu schüren, würde auch dieses in uns nie erlöschen.

28. Das Kreuz, unser Begleiter auf dem Weg zum Himmel

Leiden müssen wir, ob wir wollen oder nicht. Die einen leiden wie der gute Schächer, die anderen wie der böse. Beide litten auf gleiche Weise. Aber der eine verstand es, sein Leiden fruchtbar zu machen: er nahm es im Geiste der Buße an, und als er sich zu dem gekreuzigten Heiland wandte, hörte er aus dessen Mund die wunderbare Verheißung: „Heute noch wirst du mit mir im Paradiese sein."

Im Gegensatz zu ihm stieß der andere Flüche, Verwünschungen und Gotteslästerungen aus und starb in schrecklichster Verzweiflung.

Es gibt ein zweifaches Leiden, nämlich ein liebendes und ein ablehnendes. Die Heiligen litten geduldig, freudig und standhaft; denn sie liebten. Wir leiden mit Zorn, Ärger und Überdruß, weil wir nicht lieben. Wenn wir Gott liebten, würden wir uns freuen, leiden zu dürfen aus Liebe zu ihm, der so viel für uns leiden wollte.

Ihr sagt, das sei schwer. Nein, es ist süß, sanft und tröstend, es ist ein Glück ... Nur muß man lieben im Leiden und leiden in der Liebe.

Seht, meine Kinder, auf dem Weg des Kreuzes fällt einem nur der erste Schritt schwer. Die Furcht vor den Kreuzen ist unser schlimmstes Kreuz ...

Wir haben nicht den Mut, unser Kreuz zu tragen. Welch ein Irrtum! Denn was immer wir tun, das Kreuz hält uns fest, und wir können ihm nicht entrinnen.

Was haben wir also zu verlieren? Warum sollen wir unser Leiden nicht lieben, wenn uns dadurch der Weg zum ewigen Leben erschlossen wird? ... Trotzdem wenden sich die meisten vom Kreuz ab und fliehen. Je mehr sie laufen, desto mehr verfolgt sie das Kreuz, desto stärker trifft es sie und erdrückt sie unter seiner Last.

Versteht dies gut, meine Kinder: wer dem Kreuz gefaßt und tapfer entgegensieht, dem wird es seltener begegnen. Und wenn es ihm begegnet, wird es ihn nicht unglücklich machen. Als Liebender nimmt er es auf sich, mutig trägt er es und wird eins mit unserem Herrn. Es reinigt ihn und nimmt seiner Seele die Anhänglichkeit an diese Welt. Die Leiden helfen ihm in seinem Leben hinüber zum Ufer der ewigen Glückseligkeit wie eine Brücke über den Strom.

Wenn der liebe Gott uns ein Kreuz schickt, lassen wir uns entmutigen: wir beklagen uns, wir murren und hassen alles, was unserem Wunsch, immer wie auf Rosen gebettet zu leben, zuwiderläuft. Doch nun beginnt ein Dornenpfad, den wir gehen müssen. Durch das Kreuz gehen wir in den Himmel ein. Die Krankheiten, Versuchungen, Schmerzen sind die Kreuze, die uns zum Himmel führen. Das alles wird bald vorüber sein ... Richtet eueren Blick auf die Heiligen, die vor uns angekommen sind ... Der liebe Gott verlangt von uns nicht das Martyrium des Leibes, er will nur das Opfer unseres Herzens und des Willens ... Der Herr ist unser Vorbild. Laßt es uns machen wie die Soldaten des Königs. Eine

Brücke, die unter Gewehrfeuer lag, mußte überquert werden. Niemand wagte voranzugehen. Da nahm der König selbst die Fahne, marschierte als erster, und alle folgten.

Tun wir das gleiche. Folgen wir unserem Herrn, der uns vorangegangen ist.

Das Kreuz ist die Leiter zum Himmel. Wie tröstlich ist es, unter den Augen Gottes zu leiden und am Abend bei seiner Gewissenserforschung sagen zu können: „Wohlan, meine Seele, du hast heute zwei, drei Stunden erlebt, in denen du Christus ähnlich warst: du bist gegeißelt, mit Dornen gekrönt und mit ihm gekreuzigt worden ..." Welch ein Gewinn für das Sterben! Wie gut stirbt es sich, wenn man unter dem Kreuz gelebt hat!

Würde jemand zu uns sagen: „Ich möchte gerne reich werden, was muß ich tun?", ihr würdet ihm antworten: „Du mußt arbeiten." Richtig! Und um in den Himmel zu kommen? Dafür müssen wir das Kreuz auf uns nehmen.

Leiden! Was hat es zu bedeuten? Es ist nur für kurze Zeit. Könnten wir acht Tage im Himmel verbringen, wir würden den Wert dieses gegenwärtigen Leidens begreifen. Wir würden das Kreuz nicht zu schwer, die Prüfung nicht zu schmerzlich finden ...

29. Triff die richtige Wahl!

Es gibt zwei Arten von Habsucht: die eine will den Himmel, die andere die Erde besitzen. Beim irdisch gesinnten Habsüchtigen reichen die Gedanken nicht weiter als die Zeit. Er hat nie genug an Reichtümern, er sammelt und häuft immer noch mehr an. Doch wenn seine letzte Stunde schlägt, wird er nichts besitzen. Ich habe euch oft gesagt: es ist wie bei denen, die zu viele Vorräte für den Winter einlagern. Ist die neue Ernte da, so wissen sie damit nichts mehr anzufangen. Sie geraten nur in unnötige Schwierigkeiten. Ähnlich ist es, wenn der Tod kommt. Irdischer Reichtum bringt jetzt nur noch Ratlosigkeit. Wir nehmen nichts davon mit. Wir lassen alles zurück.

Was würdet ihr denken, wenn jemand verderbliche Vorräte anhäuft, die er später wegwerfen muß. Hätte er dafür Gold, Diamanten und Edelsteine gesammelt, so könnte er sie immer bei sich haben und wäre damit reich und glücklich.

Ja, meine Kinder, so handeln auch wir. Wir klammern uns an das Materielle, an das, was zugrunde geht. Dabei denken wir nicht daran, uns den Himmel zu erwerben, den einzig wahren Schatz! . . .

30. Vor allem Gott gefallen

Wir haben stets zwei Buchhalter bei uns: den Teufel, der unsere schlechten Taten notiert, um uns anzuklagen, und unseren Schutzengel, der die guten Taten aufschreibt, um am Tag des Gerichtes uns zu verteidigen.
Wenn alle unsere Handlungen offenbar werden, sind selbst unter den guten nur wenige, die Gott gefallen. Denn in unseren scheinbar guten Taten finden sich so viele Unvollkommenheiten, selbstsüchtige Gedanken, soviel menschliche Selbstzufriedenheit, Lust an Sinnlichem und Gegenleistung aus Egoismus. Nach außen hin erscheinen diese Taten gut. Sie gleichen jenen gelben, reifen Früchten, die bereits innen von Würmern angefressen sind.

Ja, es werden nur wenige der guten Werke Belohnung finden; denn statt aus Liebe zu Gott handeln wir so oft aus Gewohnheit, Routine und Eigenliebe ... Oh, wie schade!
Alles vor dem Angesicht Gottes, alles mit Gott, alles, um Gott zu gefallen! ... Wie groß und wunderbar ist das! ... Auf, meine Seele! Sprich mit dem lieben Gott, arbeite mit ihm, geh, kämpfe und leide mit ihm! Du wirst arbeiten, er wird deine Arbeit segnen; du wirst gehen, er wird deine Schritte segnen; du wirst leiden, er wird deine Tränen segnen.

Oh wie edel und trostreich ist es, alles in Gemeinschaft mit dem lieben Gott und unter seinen Augen zu tun und zu wissen, daß er alles sieht, alles zählt ... laßt uns deshalb jeden Morgen sprechen: „Alles, um Dir zu gefallen, mein Gott! Alles, was ich tue, tue ich mit Dir! . . ." Wie ist doch der Gedanke an die heilige Gegenwart Gottes süß und tröstlich! ... Immer schenkt uns dieser Gedanke neue Kraft und läßt die Stunden wie Minuten vorübereilen.

Aphorismen zur Lebensweisheit vom heiligen Pfarrer von Ars

„Ich bat, und es ward mir Einsicht gegeben; ich flehte, und der *Geist der Weisheit* kam zu mir. Ich zog sie Königreichen und Thronen vor und hielt Reichtum für nichts im Vergleich zu ihr."

Weish 7, 7—8

Seele und Körper

Wir erkennen den Wert unserer Seele an den Anstrengungen, die der Teufel unternimmt, um sie zugrunde zu richten. Die Hölle verbündet sich gegen die Seele, der Himmel für sie . . .

Größe und Elend liegen in uns nahe beisammen. Es gibt nichts Größeres als den Menschen und nichts Geringeres. Nichts Größeres, wenn wir seine Seele, nichts Geringeres, wenn wir seinen Leib betrachten . . . Man beschäftigt sich mit seinem Körper, als ob man für nichts anderes zu sorgen hätte. Doch gerade das soll für uns Nebensache bleiben.

Um unsere Würde zu erkennen, müssen wir uns oft an den Himmel, an Golgatha und an die Hölle erinnern.

Gottesliebe

Wunderbar ist es, ein Herz zu haben, wenn dieses auch noch so klein ist, um sich dessen bedienen zu können, um Gott zu lieben.

Es ist etwas Herrliches, Gott gefallen zu können, wenn wir auch noch so klein sind!

Der Mensch ist aus Liebe geschaffen. Deshalb fühlt er sich wesenhaft zur Liebe gedrängt. Anderseits ist er zu groß, als daß ihn auf dieser Welt etwas zufriedenstellen könnte. Nur wenn er sich Gott zuwendet, findet er Zufriedenheit und Erfüllung. Zieht einen Fisch aus dem Wasser, er wird nicht weiterleben. So auch der Mensch ohne Gott.

Wenn wir keine Gottesliebe haben, sind wir sehr arm. Wir gleichen einem Baum ohne Blüten und Früchte.

Das einzige Glück, das wir auf Erden besitzen, ist, Gott zu lieben und zu wissen, daß er uns liebt.

Die Mutter Gottes

Die Mutter Gottes hat uns zweimal als ihre Kinder angenommen, bei der Menschwerdung Christi und am Fuß des Kreuzes. Sie ist also zweimal unsere Mutter.

Das Herz Mariens ist so liebevoll und zärtlich zu uns, daß die Herzen aller Mütter zusammen, verglichen mit ihrem, ein Nichts sind.

Nur die heilige Jungfrau hat das erste Gebot ganz erfüllt: „Du sollst den einen Gott anbeten und ihn aus all deinen Kräften lieben." Sie hat dieses Gebot aus ganzem Herzen erfüllt ... Alles, worum der Sohn den Vater bittet, wird ihm gewährt. Alles, worum die Mutter ihren Sohn bittet, wird ihr gleichermaßen gewährt.

Das Gebet

Das Gebet befreit unsere Seele von der Anhänglichkeit an die Materie. Es hebt sie empor wie das Feuer den Heißluftballon.

Aus dem Gebet fließt eine köstliche Süße gleich dem Saft aus einer überreifen Weintraube.

Wenn es im Himmel einen Tag ohne Anbetung gäbe, wäre das nicht mehr der Himmel. Und wenn die Verdammten trotz ihrer Qualen Gott anbeten könnten, gäbe es keine Hölle.

Je mehr man betet, desto mehr kann man beten. Es ist wie mit einem Fisch, der zuerst an der Oberfläche des Wassers schwimmt, dann immer tiefer taucht. So taucht auch die Seele in die tiefste Tiefe und verliert sich in der Freude am Gespräch mit Gott.

Der Himmel senkt sich in die Seelen der Heiligen. Sie baden und ertrinken in diesem Strom des Himmels.

Zweifach kann das Rufen sein, das aus der Menschenseele dringt: entweder das des Engels oder das einer Bestie. Das Rufen des Engels ist das Gebet, das der Bestie die Sünde.

Diese armen Verdammten! Sie hatten ein Herz, um

Gott zu lieben, eine Zunge, um ihn zu preisen; das war ihre Bestimmung und ihr Schicksal. Sie selbst haben sich dazu verdammt, ihn eine Ewigkeit zu fluchen. Gäbe es für sie die Hoffnung, auch nur eine Minute beten zu können, sie würden diese Minute mit solcher Sehnsucht erwarten, daß dies ihre Qualen linderte.

Ein innerliches Leben ist für die Seele ein Eintauchen in ein Bad von Liebe.

Wie die Jünger auf dem Berge Tabor nur noch Jesus sahen, so sieht die beschauliche Seele auf dem Tabor ihres Herzens nur noch den Herrn. Sie sind zwei Freunde, die immer beisammen bleiben wollen.

Leider ist unser Herz weder genügend rein noch frei von irdischen Verstrickungen. Nimmt man einen trockenen und sauberen Schwamm und taucht ihn in eine Flüssigkeit, so wird er sich damit bis zum Abtropfen vollsaugen. Ist er jedoch nicht trocken und rein, so wird er kaum etwas aufnehmen. Ähnlich ist es mit unserem Herzen. Wenn wir es zu stark an die Dinge dieser Welt fesseln, so mögen wir uns noch so sehr ins Gebet vertiefen, wir werden davon keinen Nutzen haben.

Gott lieben, was ist das Herrliches! . . . Der Himmel ist notwendig, um diese Liebe zu begreifen. Das Gebet ist dazu eine Hilfe, denn es trägt die Seele bis zum Himmel empor.

Unsere Zunge soll nur für das Gebet,
unser Herz für die Liebe,
und unsere Augen
für die Tränen
sein.

Der Priester

Wenn immer ihr einen Priester seht, sollt ihr sagen: „Er hat mich zu einem Gotteskind gemacht und durch die heilige Taufe mir den Himmel erschlossen. Er hat mich von meinen Sünden losgesprochen und gibt meiner Seele Nahrung."

Der Priester ist für euch das, was eine Mutter für ihr Kleinkind ist; sie reicht ihm die Nahrung, es braucht nur den Mund zu öffnen. Die Mutter sagt zu dem Kind: „Hier, mein Kleines, iß!" Der Priester sagt zu euch: „Nehmt hin und esset, dies ist der Leib Christi. Möge er euch bewahren und geleiten ins ewige Leben." Wie wunderbar sind doch diese Worte.

Der Priester hat den Schlüssel zu den himmlischen Schätzen in Verwahrung. Er kann die Pforte dazu öffnen. Gott hat ihn zum Verwalter seiner Güter bestimmt.

Die Kommunion

Die Kommunion wirkt auf die Seele wie ein Windstoß in ein erlöschendes Feuer, in dem noch Glut vorhanden ist. Ein Windstoß, und das Feuer brennt wieder.

Wenn wir kommunizieren, taucht unsere Seele in den Balsam der Liebe ein wie die Biene in den Duft der Blüten.

Die Kommunion! ... Oh, welche Ehre erweist Gott seinem Geschöpf!

Wenn wir keine Nahrung zu uns nehmen, verliert der Körper seine Kräfte. Und wenn wir unserer Seele die Nahrung vorenthalten, wird sie schwach und krank.

Der Heilige Geist

Der Mensch ohne Seele ist ganz Erde und Tier. Nur der Heilige Geist kann seine Seele zu Höherem entfalten und emportragen.

Warum waren die Heiligen vom Irdischen so losgelöst? Weil sie sich vom Heiligen Geist führen ließen.

Wer vom Heiligen Geist geführt wird, denkt Rechtes. Das erklärt, warum Einfältige oft weiser sind als die Gelehrten.

Einer Seele, in der der Heilige Geist wohnt, entströmt wunderbarer Duft wie einem Weinstock, wenn er Blüten trägt.

Wer sich vom Heiligen Geist führen läßt, für den scheint es keine Welt zu geben. Für die Welt aber scheint es keinen Heiligen Geist zu geben.

Wenn man den Heiligen Geist besitzt, erweitert sich das Herz. Es bleibt in der göttlichen Liebe. Der Fisch läßt sich nie durch zu viel Wasser verdrießen. So beklagt auch ein guter Christ sich nie, zu lange mit Gott beisammen zu sein. Wer die Religion langweilig findet, der hat nicht den Heiligen Geist.

Die den Heiligen Geist besitzen, bleiben schlicht

und demütig; sie erkennen nämlich ihre Armseligkeit. In den Stolzen wohnt der Heilige Geist nicht.

In den Kindern der Welt wohnt der Heilige Geist nicht, und wenn, so nur vorübergehend. Er verweilt nicht in ihnen. Der Lärm der Welt vertreibt ihn.

Die Welt sieht nur das diesseitige Leben; der Christ aber sieht in die Tiefe der Ewigkeit.

Die Klugheit

Die Klugheit läßt uns erkennen, was Gott am liebsten hat und unserem Seelenheil am nützlichsten ist. Wir müssen immer das Vollkommene wählen.

Versuchungen

Die häufigsten Versuchungen entstehen aus dem Stolz und aus unkeuschen Gedanken. Eines der wirksamsten Gegenmittel besteht in einem aktiven Leben zur Ehre Gottes. Viele sind willenlose Müßiggänger. Kein Wunder, wenn der Teufel die Oberhand gewinnt.

Wenn ihr versucht werdet, opfert dem lieben Gott das Verdienst dieser Versuchung auf, um die entsprechende Tugend zu erhalten. Wenn der Stolz euch versucht, opfert es auf, um Demut zu bekommen; bei unreinen Gedanken, um die Reinheit zu erlangen; zur Lieblosigkeit gegen den Mitmenschen versucht, um sich dem anderen in noch größerer Liebe zuzuwenden. Opfert auch die Versuchungen auf, um die Bekehrung der Sünder zu erbitten. Das verdrießt den Teufel und schlägt ihn in die Flucht, da die Versuchungen sich nun gegen ihn selbst richten ... Ihr werdet erfahren, wie gern er euch danach in Frieden läßt.

Die schlechten Christen läßt der Teufel in Ruhe; niemand beachtet sie. Wer aber das Gute tut, den macht er zur Zielscheibe des Spottes und der Verleumdungen. Das ist ein Anlaß zu großen Verdiensten.

Unser Schutzengel ist stets bei uns, die Feder in der Hand, um unsere Siege aufzuschreiben. Wir müssen jeden Morgen zu uns sagen: „Auf, meine Seele, laßt uns arbeiten, um uns den Himmel zu erobern!“

Wegen unserer natürlichen Triebe und Neigungen ist der Kampf selten ausgeglichen. Entweder sie lenken uns oder wir lenken sie. Wie traurig, sich von ihnen leiten zu lassen! Der Christ muß ihnen entgegentreten wie der adelige Herrscher seinen Untergebenen.

Gegen die Versuchungen sind drei Dinge absolut notwendig: das Gebet, um uns zu erleuchten, die Sakramente, um uns zu stärken, und die Wachsamkeit, um uns zu schützen . . .

Kämpfen wir mit tapferem Herzen. Wenn einmal der Teufel sieht, daß er nichts gegen uns vermag, so wird er uns in Frieden lassen.

Wir wollen in den Himmel kommen, aber in aller Bequemlichkeit und ohne uns irgendwelchen Zwang aufzuerlegen. Das war aber nicht der Weg, den die Heiligen gegangen sind.

In dieser Welt müssen wir arbeiten und kämpfen. Dann werden wir Zeit haben, uns eine ganze Ewigkeit auszuruhen.

Die Sünde

Verlieren wir uns an unsere Leidenschaften, so flechten wir einen Dornenkranz um unser Herz.

Wer in der Sünde lebt, übernimmt Gewohnheiten der Tiere. Das vernunftlose Tier kennt nur seine Begierden. Ebenso verliert auch der Mensch, der sich den Tieren ähnlich macht, die Vernunft und läßt sich von den Regungen seines „Kadavers" leiten.

Leicht zu begreifen ist es, daß wir das Werk eines Gottes sind. Aber daß die Kreuzigung eines Gottes unser Werk ist, das ist unbegreiflich . . .

Den lieben Gott zu beleidigen, der uns immer nur Gutes getan hat; den Teufel zufriedenzustellen, der uns nur Böses zufügen kann! Welch eine Torheit!

Ein Christ, nach dem Bild Gottes geschaffen, losgekauft mit Gottes Blut! Ein Christ, Gotteskind, Gottes Bruder und Erbe Gottes! Ein Christ, Gegenstand des Wohlgefallens der drei göttlichen Personen! Ein Christ, dessen Körper Tempel des Heiligen Geistes ist: und gerade diesem raubt die Sünde jegliche Würde! . . .

Wenn wir das Herz Jesu nicht lieben, was sollen wir sonst lieben? Es gibt nur Liebe in diesem Herzen. Wie kommt es nur, daß man das nicht liebt, was so liebenswert ist?

Die Hölle

Es scheint, als ob die armen Sünder den Richterspruch, der sie in die Gesellschaft der Teufel verdammt, nicht erwarten wollen. Sie verdammen sich selbst dazu.

Die Hölle hat ihren Ursprung in der Schönheit und Liebenswürdigkeit Gottes. Die Verdammten werden sagen: „Hätte uns Gott doch nicht so geliebt! Wir würden weniger leiden, die Hölle wäre erträglicher! ... Aber so geliebt worden zu sein! Welch ein Schmerz!"

Wenn den armen Verdammten die Zeit zur Verfügung stünde, die wir vergeuden, wie gut würden sie diese zu nützen verstehen! Wenn ihnen nur eine halbe Stunde vergönnt wäre, würde diese halbe Stunde ausreichen, um die Hölle zu entvölkern.

Hingabe an Gott

Unsere Jugend geben wir dem Teufel und den Rest dem lieben Gott, der so gut ist, daß er sich auch noch damit zufriedengeben will.

Glücklich die Seelen, die dem lieben Gott sagen können: „Herr, ich habe Dir immer gehört! . . ." Wie herrlich, wie großartig ist es, seine Jugend Gott zu schenken! Welche Quelle der Freude und des Glückes!

Welche Seligkeit finden wir, wenn wir uns selbst vergessen, um Gott zu suchen!

Es ist nur der erste Schritt, der auf dem Weg zur Selbstentsagung schwerfällt. Haben wir ihn einmal getan, geht alles wie von selbst, und sobald wir diese Tugend besitzen, haben wir alles erreicht.

Die Reinheit

Wir sind wie kleine Spiegel, in denen sich Gott sieht. Wie könnt ihr wollen, daß Gott sich in einer unreinen Seele erkennt?

Es genügt ein Blick, um zu erkennen, ob jemand ein keusches Herz besitzt. Eine unbefangene Reinheit und eine natürliche Bescheidenheit, die zu Gott führen, leuchten aus seinen Augen. Man trifft aber auch solche, deren entflammtes Wesen auffällt. Der Teufel sitzt in ihren Augen, um andere zu Fall zu bringen und sie zum Bösen zu verführen.
Gott schaut mit Liebe auf eine reine Seele. Er gewährt ihr alles, worum sie bittet. Wie sollte er einer Seele widerstehen, die nur für ihn, durch ihn und in ihm lebt? Sie sucht ihn, und Gott zeigt sich ihr; sie ruft ihn, und Gott kommt; sie handelt nur vereint mit ihm; sie kettet ihren Willen an den seinen.

Eine reine Seele ist wie eine schöne Rose. Die drei göttlichen Personen steigen vom Himmel herab, um sich an ihrem Duft zu erfreuen.

Ein reines Herz kann nicht umhin, geliebt zu werden, weil es den Ursprung der Liebe, nämlich Gott, gefunden hat. „Selig, die reinen Herzens sind", sagt der Herr, „denn sie werden Gott schauen!"

Der Stolz

Wie die Speisen mit Salz, würzen wir alles mit Stolz.

Wir sehen es gerne, wenn unsere guten Werke bekannt werden. Es freut uns, wenn man auf unsere Tugenden aufmerksam wird. Bemerkt man unsere Mängel, so stimmt es uns traurig. Die Heiligen waren anders. Es betrübte sie, wenn ihre Tugenden bekannt wurden, und sie waren froh gestimmt, wenn man ihre Unvollkommenheit erkannte.

Die Demut

Ein Heiliger wurde einmal gefragt, welche die erste unter den Tugenden sei. Er antwortete: „Die Demut." – „Und die zweite?" – „Die Demut." „Und welche die dritte?" – Und er antwortete wieder: „Die Demut."

Der Tod

Wir gleichen jenen Sandhäufchen, die der Wind auf dem Weg zusammenträgt. Sie drehen sich einen Augenblick; dann lösen sie sich sogleich auf ... Unsere Verstorbenen wurden in eine solche Handvoll Staub verwandelt.

Unser Aufenthalt auf Erden ist nur eine kurze Zwischenstation ... Wir scheinen uns nicht zu bewegen und gehen doch mit großen Schritten der Ewigkeit entgegen wie Wolken, die kommen und gehen.

Das Leid

Was bedeuten zwanzig, dreißig Jahre im Vergleich zur Ewigkeit? ... Was haben wir also viel zu leiden? Einige Demütigungen, Kränkungen und verletzende Worte. Was zählt das schon.

Wen Gott liebt, für den sind Prüfungen keine Strafen, sondern Gnaden.

Es ist unnötig zu fragen, woher das Leid kommt. Es kommt von Gott. Immer ist es der Herr, der es uns schickt, um uns Gelegenheit zu geben, ihm unsere Liebe zu beweisen.

Das Kreuz ist das Geschenk, das Gott seinen Freunden bereitet hat.

Die Bereitschaft zu leiden bringt uns an den Fuß des Kreuzes, und das Kreuz bringt uns an die Pforte des Himmels.

Es gibt keine Glücklicheren auf dieser Welt als jene, die den Seelenfrieden besitzen. Inmitten ihrer Leiden kosten sie die Freude der Kinder Gottes.

Legt man eine reife Traube in die Weinpresse, dann gibt es einen köstlichen Saft. So fließt auch aus der Presse unseres Leidens ein Wein, der die Seele nährt und stärkt.

Die Kinder dieser Welt sind voll Sorge, wenn sie das Kreuz heimsucht. Die guten Christen machen sich Sorgen, wenn es ferne von ihnen ist. Der Christ lebt inmitten der Kreuze wie der Fisch im Wasser.

Welch süßen Trost erfahren doch die Seelen, die im Leid ganz Gott angehören. Es ist ähnlich wie mit einem Essig, in den man viel Öl gießt. Gewiß bleibt Essig immer Essig, aber das Öl nimmt so viel von seiner Schärfe, daß man sie kaum mehr spürt.

Alle Leiden sind süß, wenn man vereint mit dem Herrn leidet.

Das Kreuz umfaßt die ganze Welt. Es ragt an den vier Ecken des Universums empor. Für jeden gibt es einen Teil davon.

Vereint mit Jesus Christus, vereint im Kreuz. In dieser Einheit liegt unser Heil.

Nur die Kreuze werden uns beim Letzten Gericht ermutigen. Da werden wir uns freuen über die leidvollen Tage hier auf Erden, stolz sein auf erlittene Demütigungen und reich sein wegen unserer Opfer und Entsagungen.

Die Gnade

Wir haben die Gnade so nötig wie Gehbehinderte die Krücken. Sie hilft uns vorwärtszuschreiten und ist uns dabei Stütze.

Wir müssen Gott danken für all seine Barmherzigkeit und Nachsicht, wodurch er uns von Sünde und Schuld befreit. Doch wir beachten das nicht. Wir gehen über seine Verzeihungen so achtlos hinweg wie über die vollen Korngarben nach der Ernte, wobei die Frucht verlorengeht. Der liebe Gott schenkt uns trotzdem weiterhin seine vielen Gnaden, auch wenn am Ende unseres Lebens es uns leid tun wird, daß wir sie vertan haben.

Gottes Barmherzigkeit

Unsere Fehler sind wie ein Sandkorn neben dem Gebirge der göttlichen Barmherzigkeit.

Gottes Barmherzigkeit ist wie ein über die Ufer quellender Sturzbach. Sie reißt auf ihrem Weg die Herzen mit.

Stellt euch eine arme Mutter vor, die das Fallbeil der Guillotine über dem Haupt ihres Sohnes lösen muß! So fühlt der liebe Gott, wenn er einen Sünder verdammt.

Die Gebote

Die Gebote sind Anweisungen, die Gott uns gibt, damit wir den Weg zum Himmel nicht verlieren. Sie sind wie Richtungs- und Namensschilder an Abzweigungen.

Die Sonntagsheiligung

Der Sonntag ist Gottes Eigentum, der Tag, der ihm gehört, der Tag des Herrn. Gott hat alle Tage der Woche gemacht, er könnte sie alle für sich beanspruchen. Sechs davon hat er uns gegeben und nur den siebenten für sich zurückbehalten. Mit welchem Recht rührt ihr an etwas, das euch nicht gehört? Ihr wißt, daß ein gestohlenes Gut niemals Segen bringt, auch nicht der Tag, den ihr dem Herrn nehmt. Ich kenne zwei Wege, wie man sicher arm wird: am Sonntag arbeiten und fremdes Gut sich aneignen.

Die Verleumdung

Der Verleumder ist wie eine Raupe, die über Blumen kriecht und darauf ihren ekeligen Schleim zurückläßt.

Splitter und Balken

Was würdet ihr von einem Menschen sagen, der das Feld seines Nachbarn bearbeitet und das seine unbebaut liegen läßt? Genau das macht ihr! Ihr drängelt euch beständig in das Gewissen der anderen ein und laßt das eure beiseite. Wenn der Tod kommt, wird es euch leid tun, daß ihr euch so viel mit anderen beschäftigt habt und so wenig mit euch selbst! Denn über uns und nicht über die anderen werden wir Rechenschaft geben müssen ... Denken wir doch an uns, an unser Gewissen, das wir immer vor Augen haben sollen, so wie wir unsere Hände anschauen, um zu sehen, ob sie sauber sind!

Hier ist eine gute Lebensregel: Tun wir nur das, was wir dem lieben Gott anbieten können. Also keine Verleumdungen und üble Nachreden, keine Ungerechtigkeiten und Zornausbrüche, keine Gotteslästerungen und Verstellungen, all das will er nicht! Nichts anderes aber bietet ihm die Welt an.

Im Himmel wird sich unser Herz in die Seligkeit Gottes so verlieren und versenken, daß wir uns weder mit uns noch mit anderen beschäftigen werden, sondern nur mit Gott.

Almosen

Es gibt Menschen, die geben große Almosen, um sich dafür ehren zu lassen. Nur nicht das! ... Diese Personen ernten von ihren guten Werken keine Früchte ...

Manche geben Almosen, damit sie gesehen, gelobt und bewundert werden ... Andere meinen, daß man ihnen nicht genügend dankt. Wenn ihr für die Welt Almosen gebt, habt ihr das Recht, euch darüber aufzuregen. Aber wenn es für Gott ist, was macht es dann aus, ob man euch dankt oder nicht! Wir müssen jedem Gutes tun, soviel wir können, aber unseren Lohn dafür nur von Gott allein erwarten ...

Es gibt Leute, die sagen zu einem gesund aussehenden Bettler: „Du bist ein Faulpelz! Du bist noch jung und hast starke Arme, du könntest doch arbeiten!" Wißt ihr denn, ob es Gott nicht viel mehr gefällt, wenn dieser Arme um Brot bettelt. Ihr aber setzt euch dabei der Gefahr aus, gegen den Willen Gottes aufzubegehren.

Mancher sagt: „Wie schlecht hat jener sein Almosen verwendet!" Wenn dieser damit tut, was er will, so wird er danach gerichtet. Ihr aber werdet nach dem Almosen selbst gerichtet, das ihr hättet geben können, aber nicht gegeben habt.

Man darf niemals die Armen verachten, weil diese Verachtung Gott trifft.

Wenn wir ein Almosen geben, müssen wir daran denken, daß es für Gott ist und nicht für die Armen, denen wir es geben.

Die Welt

Ich finde, daß niemand so bedauernswert ist wie die Weltleute. Sie haben um ihre Schultern einen dornengefütterten Mantel; sie können keine Bewegung machen, ohne sich zu stechen. Die guten Christen aber tragen einen pelzgefütterten Mantel.

So manches Böse hat seine Ursache in den Nachrichten der Welt, in diesen Unterhaltungen, in dieser Politik, in diesen Zeitungen ... Und damit füllt man sich den Kopf ...

Es gibt Seelen, die sind so willenlos und verweichlicht, so verdorben und verkommen, daß sie in ihrer gefährlichen, ansteckenden Krankheit dahinsiechen, ohne es wahrzunehmen und ohne sich noch davon befreien zu können. Alles zieht sie zu ihrer Sünde, alles kann für sie Anlaß werden, wieder zu ihr zurückzukehren, selbst heiligste Dinge; sie haben immer jene Abscheulichkeiten vor Augen. Man kann sie mit jenen unreinen Tieren vergleichen, die sich an den Schmutz gewöhnen, daran Gefallen finden und sich im Morast wälzen.

Das Kreuzzeichen

Für den Teufel ist das Kreuzzeichen etwas Schreckliches, denn wir entkommen ihm ja durch das Kreuz ... Mit großer Ehrfurcht müssen wir das Kreuzzeichen machen. Man fängt beim Kopf an, womit auf das Oberhaupt, die Schöpfung, den *Vater* hingewiesen wird. Dann folgt das Herz: die Liebe, das Leben, die Erlösung – der *Sohn;* schließlich die Schultern: die Kraft – der *Heilige Geist.* Alles erinnert uns an das Kreuz. Wir selbst sind in Form eines Kreuzes erschaffen.

Immer höher

Das Herz wendet sich stets dem zu, was es am meisten liebt: der Stolze den Ehren, der Geizige den Reichtümern, der Rachsüchtige der Vergeltung, der Unkeusche seinen sündhaften Freuden. Aber woran denkt der gute Christ? Wohin wendet sich sein Herz? Zum Himmel! Dort ist Gott, sein Schatz.

Die guten Christen gleichen jenen Vögeln, die große Schwingen und kleine Füße haben und sich nie auf die Erde setzen, weil sie sich nicht mehr erheben könnten und gefangen würden. Auch bauen sie ihre Nester auf die Gipfel hoher Felsen und auf den First der Häuser. So muß auch der Christ immer auf den Höhen weilen; sobald wir unsere Gedanken auf die Erde richten, werden wir eingefangen.

Der Mensch wurde für den Himmel geschaffen; die Leiter, die hinaufführt, hat der Teufel zerbrochen.

Die Heiligkeit

Das Herz der Heiligen steht fest wie ein Fels inmitten der Meeresbrandung.

Das Merkmal der Auserwählten ist die Liebe, das Merkmal der Verdammten der Haß. Kein Verdammter liebt einen anderen Verdammten ... Die Heiligen lieben jeden, sie lieben besonders ihre Feinde.

Wir können Heilige werden — wenn nicht durch die Unschuld, so doch wenigstens durch Buße und Sühne.

Ein Vorgeschmack des Himmels

Eine Art Vorgeschmack von Paradies, Hölle und Fegfeuer kann man bereits in diesem Leben bekommen. Das Fegfeuer ist in jenen Seelen, denen Opfer und Abtötung noch fremd sind; die Hölle ist in den Herzen der Gottlosen und das Paradies in den Herzen der Vollkommenen, die ganz mit dem Herrn verbunden sind.

Welch ein Jubelschrei, wenn eine Seele sich mit ihrem verklärten Leib vereint, der für sie nicht länger mehr ein Werkzeug zur Sünde und eine Ursache des Leidens ist. Sie taucht in die Liebe ein wie die Biene in die Blüten. Nun ist die Seele geborgen für die Ewigkeit.

Von Gott geliebt,
mit Gott vereint,
in der Gegenwart Gottes
und für Gott leben:
— oh herrliches Leben! ...
— und schöner Tod!

Inhaltsübersicht